The Japan Accounting and Financial Analysis Examination

ビジネス会計検定試験®

公式過去問題集

1級

第**4**版

級

大阪商工会議所 [編]

中央経済社

本書に記載されている解答および解説は，「ビジネス会計検定試験公式テキスト1級（大阪商工会議所編）にもとづいて作成されています。

ま　え　が　き

　近年，損益計算書や貸借対照表などの財務諸表を理解できる能力（会計リテラシー）の重要性が高まっています。企業活動がグローバル化，複雑化，多様化する中で，ビジネスパーソンとして自社や取引先などの経営実態を正しく把握することが必要不可欠になってきたためです。また一般の方々も新聞の経済記事を読まれる場合や株式投資をされる場合など，さまざまな場面で会計の知識が必要となっています。

　大阪商工会議所では，こうした時代の要請に応えて，実社会で役に立つ財務諸表に関する知識や分析力を問う「ビジネス会計検定試験」を2007年（平成19年）から全国で実施しています。一般的に，財務諸表を理解するには，その作成過程において複式簿記の理解が不可欠だと考えられていますが，この「ビジネス会計検定試験」は，財務諸表を作成するという立場ではなく，できあがった財務諸表を情報として理解し，ビジネスで役立てていくことに重点を置いています。したがって，本検定試験は，簿記の知識がなくても，会計基準，財務諸表に関する諸法令，構造などの知識や分析を通して，企業の財政状態，経営成績，キャッシュ・フローの状況などを判断する能力を問うものです。

　日本商工会議所ならびに大阪商工会議所をはじめとする全国の商工会議所では，1954年（昭和29年）から簿記検定試験を実施し，簿記会計の知識を有する多くの人材を実社会に送り込んできました。私どもは，長年の実績を誇る簿記検定試験に加えてこの「ビジネス会計検定試験」を実施することにより，会計リテラシーを持つ人材の裾野がさらに広がることを期待しております。

　1級では，3級・2級で学習した知識を前提として，企業の成長性や課題，経営方針・戦略などを理解・判断するため，財務諸表を含む会計情報をより高度に分析し，企業を評価する力を習得することを目指しています。

　1級試験は，2010年度（平成22年度）の第8回試験より，年1回実施していますが，本問題集では，第26回（2020年3月8日施行），第28回（2021年3月14日施行），第30回（2022年3月13日施行）の3回分を収録しています。各問

題とも解説とともにテキストでの関連事項記載箇所を表示していますので，反復して問題を解き，テキストで確認し，知識を確実なものにしていただきたいと思っています。

　また，3回分とも全問題をそのまま掲載していますので，実践形式の検定試験直前対策としてもご活用ください。

　企業経営において会計情報の戦略的活用が重視されている中，公式テキストや本問題集によるビジネス会計検定試験の学習を通じて，ビジネスプロフェッショナルを目指す方々のお役に立てれば幸いです。

　2022年8月

大阪商工会議所

は　じ　め　に

　会計はビジネスの言語といわれます。企業経営を円滑に進めるには，会計数値による計数管理が必須ですし，企業が作成する財務諸表（決算書）を中心とした会計情報は，とくに上場会社を中心とした大会社においては公開が義務づけられています。また，中小企業であっても，融資の審査を受けたり，納税の申告を行ったりする際に，会計情報の作成が不可欠です。この観点からは，財務諸表の作成が主眼となります。それに対応する知識を得られるのが簿記検定です。簿記検定は財務諸表の作成に関わる知識に関して広く普及した検定試験です。

　ところが，財務諸表を作成することは会計の最終の目的ではありません。上場会社の会計情報が公開される目的は大きく2つあります。1つは，株主・投資者から資本の出資を受けた経営者が，資本を受託した結果の報告を資金の委託者（株主・投資者）に行うことにあります。もう1つは，各種の企業関係者（ステークホルダー）に，広く企業の状況を開示し，企業の財政状態，経営成績や資金の状況についての情報を提供することにあります。ステークホルダーは財務諸表を通じて企業の状況を読み取ることになります。会計知識は，会計情報を作成する経理パーソンにだけ必要なものではなく，企業や組織と関わるすべてのステークホルダーにとって，必須の知識といえます。地図の利用者が基本的なルールを知っていれば，地図の作成を意識しなくても利用できるのと同様に，会計情報にも，作成を意識しなくても利用できる領域があります。それが財務諸表を読んで企業情報を解釈する領域であり，一般に財務諸表分析といわれます。ビジネス会計検定試験は，財務諸表分析を行って企業の状況を知るための，基本的な会計ルールと，財務諸表の仕組み，さらにはそれを読解するための知識を得られる検定試験として開発されました。

　企業に関する情報は溢れています。近年ではインターネットの普及に伴い，情報は爆発的に増加しており，成否の判断がむずかしい情報や誤った情報が流されたりもします。会計の世界では，公開情報の信頼性を担保するための取り

組みが継続的に行われており，そのもとで公式に公開されるのが財務諸表です。もとより不正経理の存在は完全には否定できませんが，その監視を含めて，会計知識の広汎な普及が，健全な経済社会を支える基盤となります。また，企業活動はますますグローバル化の度合いを高めており，財務諸表を読み取るルールも国際化が進展しています。それが国際会計基準（IFRS）であり，日本の会計ルールも急速に IFRS への対応が進んでいます。会計知識を学ぶことは，企業を見る目を世界にも拡げる端緒にもなるでしょう。

　また，ビジネスパーソンに留まらず，規制に関わる自治体は企業についての各種判断を行う際にも財務諸表を利用しますし，自治体そのものや各種の公共団体，民間組織にも財務諸表に関わる知識が有用な場面が多様に存在します。ビジネス会計検定試験は，時として敬遠されがちな会計情報の利用にまつわる多様で多彩な知識を，テキストの学習を通じて学ぶことができる検定試験です。本検定試験を通して，ビジネスパーソンや自治体職員，さらにはこれから社会に出ようとする学生の皆さんをはじめとする，いわば一般社会人としての多くの方々が，会計に関する正しい知識や分析力を身につけていただき，経済社会に必須の知識能力を高めていただくことを願ってやみません。

　2022年 8 月

　　　　　　　　　　　大阪商工会議所
　　　　　　　　　　　　ビジネス会計検定試験　検定委員会
　　　　　　　　　　　　　　委員長　梶浦　昭友

目　　次

（問題）

（解答・解説）　85

実際の検定試験では，論述式問題に関する資料（財務諸表等）は，問題冊子から切り取ることができます。また，本書は検定試験の問題冊子（A4版）より小さく，論述式問題の解答用紙を縮小して掲載していますが，解答欄の行数は同じです。

ビジネス会計検定試験公式テキスト1級　出題対応表

◇表記方法　「Ⅳ-1・2」は, Ⅳ [問1] [問2] を表しています。

	第26回	第28回	第30回
第1章　ディスクロージャー			
第1節　ディスクロージャーとは		Ⅰ-1	
第2節　会社法上のディスクロージャー		Ⅰ-1	
第3節　金融商品取引法上のディスクロージャー	Ⅰ-1	Ⅰ-2	Ⅰ-1
第4節　証券取引所が求めるディスクロージャー			
第5節　任意開示			
第6節　ディスクロージャーの電子化			
第2章　財務諸表と計算書類			
第1節　財務諸表と計算書類の体系	Ⅰ-2		
第2節　連結損益計算書の内容			
第3節　連結貸借対照表の内容	Ⅰ-3	Ⅰ-4	
第4節　連結キャッシュ・フロー計算書の内容		Ⅰ-3	Ⅰ-2
第5節　連結株主資本等変動計算書の内容			
第3章　財務諸表項目の要点			
第1節　金融商品		Ⅱ-1	Ⅱ-1
第2節　棚卸資産		Ⅱ-2	
第3節　固定資産と減損	Ⅰ-7 Ⅱ-1	Ⅱ-3	Ⅰ-3
第4節　繰延資産と研究開発費	Ⅰ-4		
第5節　引当金と退職給付	Ⅰ-5	Ⅱ-4	
第6節　純資産	Ⅱ-2	Ⅰ-4	Ⅱ-2
第7節　外貨換算	Ⅱ-4	Ⅰ-4	Ⅱ-3
第8節　リース会計		Ⅱ-5	Ⅱ-4
第9節　税効果	Ⅰ-6	Ⅰ-5 Ⅱ-1	
第10節　会計上の変更および誤謬の訂正			Ⅰ-4
第11節　連結財務諸表注記と連結附属明細表	Ⅱ-3	Ⅰ-6・8	Ⅱ-5

ビジネス会計検定試験

第26回1級［問題］

〈制限時間　2時間30分〉

（2020年3月8日施行）

注意事項

Ⅰ と Ⅱ は合計18問，100点満点のマークシート式問題です。
（本書ではマークシートはありません）

Ⅲ と Ⅳ は総合問題2題，100点満点の論述式問題です。

※　ビジネス会計検定試験の配点は，公表しておりません。

〈問題〉

Ⅰ 次の【問1】から【問9】の設問に答えなさい。

【問1】 四半期報告書に関する次の文章について，正誤の組み合わせとして正しいものを選びなさい。

（ア）四半期連結財務諸表を作成していれば，四半期財務諸表は作成を要しない。

（イ）第1四半期および第3四半期の四半期連結キャッシュ・フロー計算書の作成は，任意である。

① （ア）正 （イ）正　　② （ア）正 （イ）誤

③ （ア）誤 （イ）正　　④ （ア）誤 （イ）誤

【問2】 金融商品取引法にもとづく財務諸表と，会社法にもとづく計算書類に関する次の文章について，正誤の組み合わせとして正しいものを選びなさい。

（ア）包括利益は，財務諸表および連結財務諸表に表示することが義務付けられている。

（イ）附属明細表は，金融商品取引法にもとづき財務諸表として作成される。

（ウ）連結キャッシュ・フロー計算書を開示する企業は，個別の財務諸表としてキャッシュ・フロー計算書を作成する必要はない。

（エ）事業報告は，会社法の計算書類として作成される。

① （ア）正 （イ）正 （ウ）誤 （エ）正

② （ア）正　（イ）誤　（ウ）誤　（エ）正
③ （ア）誤　（イ）正　（ウ）正　（エ）誤
④ （ア）誤　（イ）正　（ウ）誤　（エ）誤
⑤ （ア）誤　（イ）誤　（ウ）正　（エ）誤

【問3】　純資産の部に関する次の文章について，正誤の組み合わせとして正し
　　　いものを選びなさい。

（ア）　自己株式処分差益は，その他資本剰余金として表示する。
（イ）　その他資本剰余金を原資として配当を行った場合には，配当額の1
　　　／10を利益準備金として積み立てる。
（ウ）　為替換算調整勘定は，在外支店の貸借対照表項目を円換算するとき
　　　に計上される。
（エ）　その他有価証券の評価差額の処理は，全部純資産直入法と部分純資
　　　産直入法のいずれかを選択できるが，選択した方法は毎期継続して
　　　適用しなければならない。

---

① （ア）正　（イ）正　（ウ）誤　（エ）正
② （ア）正　（イ）誤　（ウ）正　（エ）誤
③ （ア）正　（イ）誤　（ウ）誤　（エ）正
④ （ア）誤　（イ）正　（ウ）正　（エ）誤
⑤ （ア）誤　（イ）正　（ウ）誤　（エ）誤

【問4】 研究開発費に関する次の文章について，正誤の組み合わせとして正しいものを選びなさい。

> （ア） 企業の研究開発活動は，有価証券報告書の「事業の状況」に，その状況および研究開発費の金額を事業の種類別セグメントに関連付けて記載する。
>
> （イ） 特定の研究目的にのみ使用される特許権の取得原価は，研究期間にわたって償却する。
>
> （ウ） 研究開発費を当期製造費用に計上することは，認められない。

① （ア）正 （イ）正 （ウ）誤　　② （ア）正 （イ）誤 （ウ）正

③ （ア）正 （イ）誤 （ウ）誤　　④ （ア）誤 （イ）正 （ウ）正

⑤ （ア）誤 （イ）誤 （ウ）正

【問5】 次の文章について，正誤の組み合わせとして正しいものを選びなさい。

> （ア） 退職給付債務とは，将来の退職給付支給見積額のうち認識時点までに発生していると認められる額をいい，現在価値に割り引いて計算される。
>
> （イ） 貸倒懸念債権の貸倒見積高は，貸倒実績法により算定する。
>
> （ウ） 貸倒引当金を債権の評価勘定として貸借対照表に表示する場合，貸倒見積高を注記する。
>
> （エ） 返品調整引当金の繰入額と戻入額は，売上高の調整項目として表示する。

① （ア）正 （イ）正 （ウ）誤 （エ）誤

② （ア）正 （イ）誤 （ウ）誤 （エ）正

③ （ア）正 （イ）誤 （ウ）誤 （エ）誤

④ （ア）誤 （イ）正 （ウ）正 （エ）正

⑤ （ア）誤 （イ）誤 （ウ）正 （エ）正

【問6】 「税効果会計に係る会計基準」に関する次の文章について，正誤の組み合わせとして正しいものを選びなさい。

（ア） 将来の課税所得と相殺可能な繰越欠損金は，将来減算一時差異と同様の効果を有することから，税効果会計の対象とされる。

（イ） 事業税の所得割は，法定実効税率の計算に加味されない。

（ウ） 資産負債法により計上される繰延税金資産または繰延税金負債の金額は，一時差異等の解消見込年度に適用される法定実効税率を用いて計算する。

（エ） 連結貸借対照表において，異なる納税主体の繰延税金資産と繰延税金負債は，原則として相殺しない。

---

① （ア）正 （イ）正 （ウ）誤 （エ）誤
② （ア）正 （イ）誤 （ウ）正 （エ）正
③ （ア）正 （イ）誤 （ウ）誤 （エ）誤
④ （ア）誤 （イ）正 （ウ）誤 （エ）正
⑤ （ア）誤 （イ）誤 （ウ）正 （エ）正

【問7】 「賃貸等不動産の時価等の開示に関する会計基準」に関する次の文章について，正誤の組み合わせとして正しいものを選びなさい。

（ア） 投資不動産の貸借対照表価額は，時価である。

（イ） 賃貸等不動産に，遊休不動産は含まれない。

（ウ） 賃貸等不動産に関する損益は，賃貸等不動産の総額に重要性が乏しい場合を除き，財務諸表に注記される。

---

① （ア）正 （イ）正 （ウ）正　② （ア）正 （イ）正 （ウ）誤
③ （ア）誤 （イ）正 （ウ）正　④ （ア）誤 （イ）誤 （ウ）正
⑤ （ア）誤 （イ）誤 （ウ）誤

5

【問8】 損益分岐点比率に関する次の文章について，正誤の組み合わせとして正しいものを選びなさい。

(ア) 損益分岐点比率を低くするためには，実際の売上高の増加，変動費率の引下げ，固定費額の削減が必要である。

(イ) 損益分岐点比率が低くなれば，営業レバレッジも低くなる。

---

① （ア）正 （イ）正　　② （ア）正 （イ）誤

③ （ア）誤 （イ）正　　④ （ア）誤 （イ）誤

【問9】 企業価値の評価指標の1つである EV ／ EBITDA 倍率に関する次の文章のうち，正しいものの組み合わせを選びなさい。

(ア) その企業が生み出す利益（EBITDA）によって，買収に要した投下資本（EV）を何年で回収できるかを示す指標である。

(イ) 税制，金利水準，減価償却方法の違いを排除することができる指標である。

(ウ) 指標の値が相対的に高い方が，株価は割安であると判断できる。

---

① アイ　　② アウ　　③ イウ　　④ アイウ

Ⅱ 次の【問1】から【問9】の設問に答えなさい。

【問1】 次の〈資料〉により，減損損失の金額を計算し，正しい数値を選びなさい。なお，市場価格が帳簿価額から50%程度以上下落した場合，資産の市場価格の著しい下落に該当するものとする。〈資料〉に記載のある事項以外に，減損の兆候は存在しない。

〈資料〉

1．減損の兆候の把握に関する資料
（1）A資産グループ
資産の帳簿価額は100,000百万円，市場価格は10,000百万円である。
（2）B資産グループ
資産の帳簿価額は150,000百万円，継続的に営業損失を計上している。
（3）C資産グループ
資産の帳簿価額は50,000百万円，市場価格は40,000百万円である。

2．各資産グループの当期末の状況
（単位：百万円）

	割引前将来キャッシュ・フロー	正味売却価額	使用価値
A資産グループ	25,000	10,000	20,000
B資産グループ	155,000	100,000	140,000
C資産グループ	45,000	40,000	35,000

① 80,000百万円 ② 90,000百万円 ③ 100,000百万円

④ 105,000百万円 ⑤ 110,000百万円

7

【問2】 次の〈資料〉により，当期の貸借対照表に計上される新株予約権の金額を計算し，正しい数値を選びなさい。当社は３月決算であり，当期はX２年４月１日からX３年３月31日である。

〈資料〉

- X１年７月１日に，１株当たりの行使価格を1,000円とする500,000株分のストック・オプションを従業員に付与した。
- 当期中に10,000株分のストック・オプションが失効した。これ以前に失効したストック・オプションはない。なお，十分な信頼性をもってストック・オプションの失効数を見積もることは困難と判断される。
- ストック・オプションの公正な評価単価 （単位：円）

決議日（X１年６月20日）	12
付与日（X１年７月１日）	15
X２年３月31日	20
X３年３月31日	30
X４年３月31日	40
権利確定日（X４年６月30日）	45

① 3,430,000円 　② 4,287,500円 　③ 4,375,000円 　④ 4,900,000円

⑤ 7,400,000円

【問3】　次の〈資料〉により，1株当たり当期純利益を計算し，正しい数値を選びなさい。なお，計算にあたって端数が出る場合は，小数点以下第3位を四捨五入すること。（例）1.234円 → 1.23円

〈資料〉

（1）連結損益計算書の数値（一部）　　（単位：百万円）

税金等調整前当期純利益	16,300
法人税等合計	5,300
当期純利益	11,000
非支配株主に帰属する当期純利益	1,000
親会社株主に帰属する当期純利益	10,000

（2）発行済株式および自己株式に関する資料

（単位：百万株）

	当連結会計年度 期首株式数	当連結会計年度 期末株式数	期中平均株式数
発行済株式（普通株式）	100	110	105
発行済株式（優先株式※）	5	5	5
自己株式	3	4	3.95

（※）　優先株式は，普通株式に優先して1株につき年80円の利益配当金を受ける。

①　90.52円　　②　91.79円　　③　94.30円　　④　95.00円

⑤　108.86円

【問4】 次の〈資料〉により，当期の（ア）貸借対照表に計上される投資有価証券の金額と，（イ）損益計算書に計上される有価証券利息の金額を計算し，正しい数値の組み合わせを選びなさい。

〈資料〉

- 当期首に額面金額200万ドルのA社社債を，発行と同時に190万ドルで取得し満期（発行から5年後）まで保有することにした。
- 決算日にA社社債の利息4万ドルを受け取っている。
- 1ドル当たりの為替レートは，次のとおりである。
  当期首　92円　　　決算日　99円　　　期中平均　94円
- A社社債の額面金額と取得価額との差額は，金利調整差額であると認められるため，償却原価法（定額法）を適用する。
- 当社は，A社社債以外の有価証券を保有したことはない。
- 税金および税効果は考慮しない。

① （ア）17,668万円　（イ）564万円　　② （ア）17,668万円　（イ）584万円

③ （ア）17,678万円　（イ）564万円　　④ （ア）19,008万円　（イ）564万円

⑤ （ア）19,008万円　（イ）584万円

【問5】　次の〈資料〉により，フリー・キャッシュ・フロー法による企業価値を計算し，正しい数値を選びなさい。なお，計算にあたって端数が出る場合は，計算のつど千円未満を四捨五入すること。

（例）12.6千円 → 13千円

〈資料〉

> 　A社の１年後に生み出すNOPATが10,000千円と予想され，２年目は10％で成長するとする。減価償却費は毎年2,000千円，設備投資額は毎年1,000千円，運転資本増加額は毎年500千円である。３年目以降のフリー・キャッシュ・フローの成長率は毎期６％であり，投資家の期待収益率は８％である。

①　512,551千円　　②　542,130千円　　③　589,352千円

④　629,082千円

11

【問6】 次の〈資料〉により，合併によって生じるのれんの金額を計算し，正しい数値を選びなさい。なお，計算にあたって端数が出る場合は，百万円未満を四捨五入すること。（例）12.6百万円 → 13百万円

〈資料〉

- A社は共通支配下にないB社を吸収合併し，B社株主に自己株式を50,000株交付した。

  なお，合併前，A社はB社の株式を保有していなかった。
- 合併期日（企業結合日）のB社の貸借対照表

| 資産
320百万円
（時価430百万円） | 負債
150百万円
（時価150百万円） |
| | 純資産
170百万円 |

- A社の1株当たり株価は，合併契約日5,800円，合併期日6,500円であった。

① 10百万円　② 28百万円　③ 45百万円　④ 120百万円
⑤ 155百万円

【問7】 次の〈資料〉に関する（ア）から（エ）の文章のうち，正しいものの組み合わせを選びなさい。

〈資料〉 各社の生産性に関する数値

	A 社	B 社
付加価値額（百万円）	20,000	23,400
人件費（百万円）	12,000	11,880
平均従業員数（人）	2,000	1,800
売上高（百万円）	100,000	117,000
平均有形固定資産額（百万円）	15,000	13,500

（ア） 労働生産性からみると，A社の付加価値の創出能力はB社よりも低い。

（イ） A社とB社の付加価値率は，0.2である。

（ウ） 設備生産性からみると，A社はB社よりも現有設備の利用度が低い。

（エ） A社の労働分配率は，B社よりも低い。

① アイ　　② アイウ　　③ アウエ　　④ イエ　　⑤ ウエ

【問 8】 次の〈資料〉により，経常収支比率を計算し，正しい数値を選びなさい。なお，計算にあたって端数が出る場合は，小数点以下第 3 位を四捨五入すること。（例）1.234% → 1.23%

〈資料〉

(単位：百万円)

	A 社
（連結損益計算書から抜粋）	
売上高	240,000
受取利息	500
受取配当金	1,500
支払利息	1,000
（連結キャッシュ・フロー計算書から抜粋）	
売上債権の増減額（△は増加）	16,000
仕入債務の増減額（△は減少）	△12,000
前受金の増減額（△は減少）	△8,000
利息及び配当金の受取額	7,000
利息の支払額	△5,000
営業活動によるキャッシュ・フロー	12,500

① 104.97%　　② 105.15%　　③ 105.26%　　④ 105.69%

【問 9】 次の〈資料〉により，株価純資産倍率（PBR）と株価売上高倍率（PSR）を計算し，正しい数値の組み合わせを選びなさい。

〈資料〉 （単位：百万円）

株式時価総額	3,600
純資産	3,000
売上高	6,000
当期純利益	1,500
営業キャッシュ・フロー	2,400

① PBR：1.2倍　　PSR：0.6倍　　② PBR：1.2倍　　PSR：2.4倍

③ PBR：1.5倍　　PSR：0.6倍　　④ PBR：1.5倍　　PSR：2.4倍

Ⅲ アパレル事業を営む A 社と B 社に関する〈資料1〉から〈資料3〉により，【問1】から【問7】の設問に答えなさい。ただし，金額の単位は百万円とし，△はマイナスを意味する。なお，計算にあたって端数が生じる場合は，比率については小数点以下第3位を四捨五入し，金額については小数点以下第1位を四捨五入すること。
（例）1.234% → 1.23%，1,234.5百万円 → 1,235百万円

【問1】 解答用紙に示している指標を計算し，両社の長期および短期の安全性について分析しなさい。ただし，流動資産の区分に計上されている貸倒引当金は，すべて受取手形及び売掛金にかかるものである。

【問2】 手元流動性比率を計算し，両社の支払能力について【問1】の結果と比較し要因分析しなさい。ただし，連結貸借対照表数値は期中平均値を用いること。

【問3】 両社の ROA（総資本事業利益率）を求め，2つの要素に分解して解答用紙の空欄を埋めなさい。ただし，連結貸借対照表数値は期中平均値を用いること。

【問4】 【問3】の結果をふまえて，両社の ROA を比較分析しなさい。

【問5】 両社の ROE（自己資本当期純利益率）を求め，3つの要素に分解して解答用紙の空欄を埋めなさい。ただし，連結貸借対照表数値は期中平均値を用いること。

【問6】 【問5】の結果をふまえて，両社の ROE を比較分析しなさい。

【問7】 ROA と ROE の指標の意味の違いを説明しなさい。

〈資料1〉 連結貸借対照表

(単位：百万円)

	A 社	B 社
資産の部		
流動資産		
現金及び預金	26,334	9,477
受取手形及び売掛金	25,057	30,277
棚卸資産	42,978	29,761
その他	7,828	3,264
貸倒引当金	△350	△9
流動資産合計	101,847	72,770
固定資産		
有形固定資産		
建物及び構築物	30,565	39,106
土地	47,005	12,516
その他	16,144	13,231
有形固定資産合計	93,714	64,853
無形固定資産	24,513	1,818
投資その他の資産		
投資有価証券	30,490	23,775
繰延税金資産	11,101	2,601
その他	16,728	5,540
貸倒引当金	△260	△84
投資その他の資産合計	58,059	31,832
固定資産合計	176,286	98,503
資産合計	278,133	171,273

	A 社	B 社
負債の部		
流動負債		
支払手形及び買掛金	32,931	9,640
短期借入金	29,532	12,501
1年以内返済予定の長期借入金	5,800	5,077
未払法人税等	2,084	337
その他	16,037	11,205
流動負債合計	86,384	38,760
固定負債		
長期借入金	36,202	9,912
退職給付に係る負債	4,141	5,263
その他	8,254	5,208
固定負債合計	48,597	20,383
負債合計	134,981	59,143
純資産の部		
株主資本		
資本金	30,079	26,071
資本剰余金	40,043	13,942
利益剰余金	100,798	79,718
自己株式	△27,579	△11,152
株主資本合計	143,341	108,579
その他の包括利益累計額	△3,732	2,762
新株予約権	729	181
非支配株主持分	2,814	608
純資産合計	143,152	112,130
負債純資産合計	278,133	171,273

〈資料2〉 連結損益計算書

（単位：百万円）

	A 社	B 社
売上高	243,075	140,521
売上原価	129,499	100,549
売上総利益	113,576	39,972
販売費及び一般管理費	106,909	33,733
営業利益	6,667	6,239
営業外収益		
受取利息及び配当金	900	474
持分法による投資利益	775	256
その他	3,369	466
営業収益合計	5,044	1,196
営業外費用		
支払利息	954	203
その他	1,729	786
営業外費用合計	2,683	989
経常利益	9,028	6,446
特別利益	610	625
特別損失	1,309	1,797
税金等調整前当期純利益	8,329	5,274
法人税，住民税及び事業税	2,736	921
法人税等調整額	△63	853
法人税等合計	2,673	1,774
当期純利益	5,656	3,500
非支配株主に帰属する当期純利益	590	214
親会社株主に帰属する当期純利益	5,066	3,286

〈資料3〉 前期末の連結貸借対照表の数値

（単位：百万円）

	A社	B社
資産合計	287,225	169,461
現金及び預金	26,096	9,670
有形固定資産合計	92,268	67,272
株主資本合計	129,027	113,462
その他の包括利益累計額	△9,674	3,810
新株予約権	779	287
非支配株主持分	1,537	△88

Ⅳ　A社に関する次の〈資料１〉と〈資料２〉により，【問１】から【問５】の各設問に答えなさい。ただし，金額の単位は百万円とし，△はマイナスを意味する。なお，比率の算定において連結貸借対照表数値は期中平均値を用いること。また，計算にあたって端数が生じる場合は，指標や百分率については小数点以下第２位を四捨五入し，金額については小数点以下第１位を四捨五入すること。

（例）12.34％ → 12.3％，1,234.5百万円 → 1,235百万円

【問１】　解答用紙に示している各資本コストを計算しなさい。株主資本コストはCAPM（資本資産評価モデル）により算出し，負債コストは，支払利息および有利子負債の期首・期末の平均残高から算出すること。

【問２】　X２年度およびX４年度のEVA（経済付加価値）を計算しなさい。その構成項目であるNOPAT（税引後営業利益）は，EBIT（支払利息・税金控除前利益）に「１－実効税率」を乗じて算出し，EBITは経常利益に支払利息を加算し，受取利息を控除する方法で算出すること。なお，投下資本の金額は，期首の数値により算出するものとする。

【問３】　資本コストの観点から，EVAの特徴を，ROE（自己資本当期純利益率）と比較して答えなさい。

【問４】　X２年度からX４年度のEVAの推移について，EVAの計算要素の観点から分析しなさい。

【問５】　EVAの算定においては，連結財務諸表上，費用処理された研究開発費に調整を行うことがある。どのような調整が考えられるか，理由とともに説明しなさい。

〈資料1〉　A社の連結財務諸表

連結貸借対照表（要約）

（単位：百万円）

	X1年度	X2年度	X3年度	X4年度
資産の部				
流動資産				
現金及び預金	105,300	121,400	186,200	260,200
受取手形及び売掛金	214,000	212,000	209,600	217,900
有価証券	123,600	188,500	116,800	82,900
棚卸資産	151,900	151,300	165,200	183,900
その他	52,600	46,500	38,700	45,900
貸倒引当金	△1,300	△1,300	△1,200	△1,400
流動資産合計	646,100	718,400	715,300	789,400
固定資産				
有形固定資産	319,300	338,000	370,800	395,800
無形固定資産	162,400	154,000	152,500	155,600
投資その他の資産	98,800	100,700	99,700	86,600
固定資産合計	580,500	592,700	623,000	638,000
資産合計	1,226,600	1,311,100	1,338,300	1,427,400
負債の部				
流動負債				
支払手形及び買掛金	129,700	206,800	216,900	224,900
短期借入金	21,200	1,100	30,300	300
未払法人税等	28,100	32,200	32,600	34,300
リース債務	8,200	16,000	11,400	4,800
その他	193,300	132,300	139,300	132,400
流動負債合計	380,500	388,400	430,500	396,700
固定負債				
社債	50,000	50,000	50,000	50,000
長期借入金	30,300	70,200	40,400	70,300
退職給付に係る負債	77,900	75,700	94,800	64,700
リース債務	5,300	30,700	20,300	15,700
その他	44,200	4,100	10,800	10,600
固定負債合計	207,700	230,700	216,300	211,300
負債合計	588,200	619,100	646,800	608,000

	X1年度	X2年度	X3年度	X4年度
純資産の部				
株主資本	633,100	692,500	701,700	818,700
その他の包括利益累計額	△9,100	△12,400	△22,600	△13,000
新株予約権	900	900	800	700
非支配株主持分	13,500	11,000	11,600	13,000
純資産合計	638,400	692,000	691,500	819,400
負債純資産合計	1,226,600	1,311,100	1,338,300	1,427,400

(注)　流動負債「その他」および固定負債「その他」に有利子負債は含まれていない。)

連結損益計算書（要約）

（単位：百万円）

	X1年度	X2年度	X3年度	X4年度
売上高	1,401,700	1,474,600	1,457,600	1,558,500
売上原価	632,200	658,900	637,500	704,800
売上総利益	769,500	815,700	820,100	853,700
販売費及び一般管理費	636,200	642,700	633,400	651,100
営業利益	133,300	173,000	186,700	202,600
営業外収益	7,800	12,600	12,600	13,200
（うち受取利息）	(100)	(100)	(150)	(200)
営業外費用	2,300	19,400	12,900	11,300
（うち支払利息）	(1,500)	(1,900)	(1,700)	(1,300)
経常利益	138,800	166,200	186,400	204,500
特別利益	300	4,500	4,400	5,200
特別損失	12,300	4,600	7,400	5,400
税金等調整前当期純利益	126,800	166,100	183,400	204,300
法人税，住民税及び事業税	44,300	49,900	50,000	55,800
法人税等調整額	2,000	10,200	5,500	△100
法人税等合計	46,300	60,100	55,500	55,700
当期純利益	80,500	106,000	127,900	148,600

〈資料2〉 その他のデータ

(1) X2年度およびX4年度のデータ

		X2年度	X4年度
株価	期首	4,250円	5,150円
発行済株式総数（期首・期末） （自己株式を除く）		500百万株	500百万株
社債の時価※	期首	50,600百万円	50,300百万円
	期末	50,400百万円	50,100百万円
実効税率		35%	

※社債以外の有利子負債の時価は，簿価と等しいものとする。

(2) X4年度のデータ

無リスク利子率	0.5%
ベータ（β）	0.4
市場リスク・プレミアム	5%

解答用紙（論述式）　〈Ⅰ Ⅱ（マークシート式）は省略〉

Ⅲ

【問1】

	A社	B社
固定比率	126.27　%	%
自己資本比率	%	%
流動比率	%	%
当座比率	%	%

【問2】

	A 社	B 社
手元流動性比率	月	月

【問3】

	A 社	B 社
ROA	%	%
(　　　　　　　　)	%	%
総資本回転率	回	回

【問 4 】

【問 5 】

	A 社	B 社
ROE	%	%
（　　　　　　　）	2.08　%	%
総資本回転率	回	回
（　　　　　　　）	倍	倍

【問6】

【問7】

Ⅳ

【問1】

資本コスト	X2年度	X4年度
株主資本コスト	3.5　％	％
負債コスト（節税効果考慮前）	％	％
加重平均資本コスト（WACC）	％	％

【問2】

	X2年度	X4年度
EBIT	百万円	百万円
NOPAT	百万円	百万円
投下資本	百万円	百万円
EVA	百万円	百万円

【問3】

【問 4 】

【問5】

必要とされる調整：
調整が必要となる理由：

ビジネス会計検定試験

第28回1級 ［問題］

〈制限時間 2時間30分〉

（2021年3月14日施行）

※ ビジネス会計検定試験の配点は，公表しておりません。

〈問題〉

Ⅰ 次の【問1】から【問9】の設問に答えなさい。

【問1】 ディスクロージャーに関する次の文章について，正誤の組み合わせとして正しいものを選びなさい。

(ア) 会社法は，連結ベースの情報を中心としたディスクロージャーを求めている。

(イ) 有価証券報告書提出会社は，定時株主総会終了後，遅滞なく貸借対照表と損益計算書を公告しなければならない。

(ウ) 決算短信は，証券取引所の有価証券上場規程により開示が義務付けられている。

(エ) 事業報告は，会社法の計算書類に含まれる。

---

① (ア)正 (イ)正 (ウ)誤 (エ)正
② (ア)正 (イ)正 (ウ)誤 (エ)誤
③ (ア)誤 (イ)正 (ウ)正 (エ)誤
④ (ア)誤 (イ)誤 (ウ)正 (エ)正
⑤ (ア)誤 (イ)誤 (ウ)正 (エ)誤

【問2】 金融商品取引法上のディスクロージャーに関する次の文章について，正誤の組み合わせとして正しいものを選びなさい。

（ア） 発行登録制度を用いると，資金調達に際して有価証券届出書を提出する必要はない。

（イ） 有価証券届出書は，内閣総理大臣が受理した日から45日を経過したときにその効力が生じる。

（ウ） 臨時報告書は，対象となる事象が発生してから3カ月以内に提出しなければならない。

---

① （ア）正 （イ）正 （ウ）誤　　② （ア）正 （イ）誤 （ウ）正

③ （ア）正 （イ）誤 （ウ）誤　　④ （ア）誤 （イ）正 （ウ）正

⑤ （ア）誤 （イ）正 （ウ）誤

【問3】 次の項目のうち，財務活動によるキャッシュ・フローの区分に表示するものの個数を選びなさい。

• 法人税等の支払額

• 自己株式の取得による支出

• 配当金の支払額

• 連結の範囲の変更を伴う子会社株式の取得による支出

• 現金及び現金同等物に係る換算差額

---

① 1つ　　② 2つ　　③ 3つ　　④ 4つ　　⑤ 5つ

【問4】 次の〈資料〉に関する（ア）から（エ）の文章について，正しいもの
を選びなさい。

〈資料〉　連結貸借対照表（純資産の部） (単位：百万円)

純資産の部	
株主資本	
資本金	10,000
資本剰余金	8,000
利益剰余金	12,000
株主資本合計	30,000
その他の包括利益累計額	
その他有価証券評価差額金	△2,000
繰延ヘッジ損益	1,000
為替換算調整勘定	6,000
その他の包括利益累計額合計	5,000
非支配株主持分	10,000
純資産合計	45,000

（ア）　有価証券について減損処理をおこなったと読み取れる。

（イ）　時価ヘッジを適用していると読み取れる。

（ウ）　海外に子会社があると読み取れる。

（エ）　子会社はすべて100％子会社であると読み取れる。

① ア　　② アウ　　③ イウ　　④ ウ　　⑤ アエ

【問5】 次の文章の空欄 （ ア ）から（ ウ ）に当てはまる語句の適切な
組み合わせを選びなさい。

繰延税金資産は，将来の法人税等の支払額を（ ア ）する効果を有す
る点で（ イ ）が認められる。繰延税金資産のうち回収可能性がないと
判断された金額は，注記事項の「繰延税金資産及び繰延税金負債の発生の
主な原因別内訳」において（ ウ ）として記載される。

---

① （ア）増額 （イ）資産性 （ウ）回収不能額

② （ア）増額 （イ）収益力 （ウ）評価性引当額

③ （ア）減額 （イ）資産性 （ウ）評価性引当額

④ （ア）減額 （イ）収益力 （ウ）回収不能額

【問6】 関連当事者に関する次の文章について，正しいものの組み合わせを選
びなさい。

（ア） 連結財務諸表作成会社の議決権の5％以上を保有している株主は，
主要株主として関連当事者に該当する。

（イ） 開示される関連当事者との取引には，無償のものも含まれる。

（ウ） 連結財務諸表作成会社の役員に対する報酬及び賞与は，関連当事者
との取引として開示される。

（エ） 連結財務諸表を作成するにあたって相殺消去した取引は，関連当事
者との取引として開示されない。

---

① アイ ② アウ ③ イエ ④ ウエ

37

【問7】 討議資料「財務会計の概念フレームワーク」に関する次の文章について，正誤の組み合わせとして正しいものを選びなさい。

（ア）	会計情報の一般的制約となる特性には，内的整合性と検証可能性がある。
（イ）	自己創設のれんは，財務報告の目的に適わないため，資産として計上することができない。
（ウ）	資産の測定値のうちの市場価格には，正味実現可能価額と利用価値がある。

① （ア）正 （イ）正 （ウ）正　　② （ア）正 （イ）正 （ウ）誤
③ （ア）正 （イ）誤 （ウ）正　　④ （ア）誤 （イ）正 （ウ）誤
⑤ （ア）誤 （イ）誤 （ウ）誤

【問8】 1株当たり当期純利益の注記に関する次の文章について，正誤の組み合わせとして正しいものを選びなさい。

（ア）	1株当たり当期純利益の計算式の分母は，発行済普通株式の期中平均株式数から期中平均自己株式数を控除した株式数である。
（イ）	1株当たり当期純利益の金額は，期中に株式分割があっても影響を受けない。
（ウ）	転換社債について，調整後の1株当たり当期純利益の方が調整前の1株当たり当期純利益よりも大きくなる場合には，潜在株式調整後1株当たり当期純利益の注記が必要である。

① （ア）正 （イ）誤 （ウ）正　　② （ア）正 （イ）誤 （ウ）誤
③ （ア）誤 （イ）正 （ウ）正　　④ （ア）誤 （イ）正 （ウ）誤

【問9】 企業価値評価に関する次の文章について，正誤の組み合わせとして正しいものを選びなさい。

（ア） 配当割引モデルは，将来の配当を株主の期待収益率で割り引いた現在価値の合計により企業価値を算出する。

（イ） 割引キャッシュ・フロー法は，資産が将来にわたって生み出すキャッシュ・フローを資本コストで割り引いた現在価値の合計から企業価値を算出する。

（ウ） NOPAT（税引後営業利益）にもとづいてフリー・キャッシュ・フローを算出する場合，設備投資額は NOPAT に加算する。

① （ア）正 （イ）正 （ウ）誤　　② （ア）正 （イ）誤 （ウ）正
③ （ア）誤 （イ）正 （ウ）誤　　④ （ア）誤 （イ）誤 （ウ）正

次の【問1】から【問9】の設問に答えなさい。

【問1】　次の〈資料〉により，その他有価証券評価差額金を計算し，正しい数値を選びなさい。なお，当社は減損処理をおこなった有価証券はなく，実効税率は30％とする。（金額単位：千円）

〈資料1〉　連結貸借対照表（一部）

投資その他の資産
　投資有価証券　　　　　400,000
　関係会社株式　　　　　100,000

〈資料2〉　有価証券の時価等に関する資料

1　その他有価証券

	種類	連結貸借対照表計上額	取得原価	差額
連結貸借対照表計上額が取得原価を超えるもの	①株式		60,000	
	②債券		10,000	
	③その他	―	―	―
	小計		70,000	
連結貸借対照表計上額が取得原価を超えないもの	①株式		20,000	
	②債券	―	―	―
	③その他	―	―	―
	小計		20,000	
合計				

（注）　非上場株式（連結貸借対照表計上額100,000）については，市場価格がなく，時価を把握することが極めて困難と認められることから，上表の「その他有価証券」には含めておりません。

①　63,000　　②　93,000　　③　147,000　　④　217,000　　⑤　287,000

【問2】 棚卸資産に関する次の〈資料〉の空欄（　ア　）に当てはまる数値を選びなさい。（金額単位：千円）

〈資料1〉　連結貸借対照表（一部）

流動資産	
棚卸資産	70,000

〈資料2〉　棚卸資産に関する表

種類	A商品	B商品	C製品	D仕掛品	E原材料
取得原価	20,000	（　ア　）	14,000	10,000	19,000
正味売却価額	18,000	12,000	15,000	―	―
再調達原価	―	―	―	―	18,000

（注）　E原材料については，再調達原価の方が把握しやすく，正味売却価額が再調達原価に歩調を合わせて動くと想定され，再調達原価を継続適用している。

① 7,000　　② 9,000　　③ 10,000　　④ 20,000

【問3】 次の〈資料〉により，資産Aの取得時に有形固定資産として計上される金額を計算し，正しい金額を選びなさい。なお，計算にあたって端数が出る場合は，千円未満を四捨五入すること。（例）12.3千円 → 12千円

〈資料〉

資産Aに関する資料

・取得価額：50,000千円

・取得日（使用開始日）：X1年4月1日（当期首）

・資産Aを使用後（5年後）に除去する法的義務があり，除去のために要する支出の見積額は3,000千円である。

・減価償却方法：耐用年数5年，残存価額ゼロ，定額法

・割引率：2.0%

① 47,283千円　　② 50,000千円　　③ 52,717千円　　④ 53,000千円

⑤ 53,312千円

次の〈資料〉により，当期末の貸借対照表に計上される「退職給付引当金」の金額を計算し，正しい数値を選びなさい。

〈資料〉

- 確定給付企業年金制度を採用している。
- 期首時点の評価額または残高

  退職給付債務　10,000百万円　　年金資産　8,000百万円

  未認識数理計算上の差異（前々期に生じたもの，不利差異）　448百万円

- 当期に関する事項

  勤務費用　800百万円　　割引率　2％　　長期期待運用収益率　3％

  年金資産からの年金給付支給額　700百万円　　年金資産への掛金拠出額　300百万円

- その他の事項

  数理計算上の差異は，差異が発生した期の翌期から平均残存勤務期間（15年）にわたり定額法で費用処理する。なお，過去勤務費用が生じたことはない。

① 1,344百万円　　② 2,044百万円　　③ 2,208百万円

④ 2,492百万円　　⑤ 2,908百万円

【問5】 次の〈資料〉により，当期末の連結貸借対照表に計上される「リース資産」の金額の合計を計算し，正しい数値を選びなさい。なお，リース契約はすべてファイナンス・リース取引であり当期首に結んだものとする。（金額単位：千円）

〈資料〉

- リース期間：4年
- 経済的耐用年数：5年
- 残存価額：ゼロ
- 減価償却方法：定額法

	所有権移転の有無	リース料総額の現在価値	購入価額	見積現金購入価額
A リース	所有権移転	80,000	100,000	90,000
B リース	所有権移転	100,000	不明	90,000
C リース	所有権移転外	90,000	80,000	100,000
D リース	所有権移転外	90,000	不明	100,000

① 263,500　　② 270,000　　③ 279,500　　④ 302,500

【問6】 会社分割に関する次の〈資料〉により，分離元企業の個別財務諸表における各事業の移転利益の金額を計算し，その合計額として正しい数値を選びなさい。（金額単位：千円）

〈資料〉

分割事業	移転資産 （簿価）	移転負債 （簿価）	移転先	分割の対価
A 事業	100,000	30,000	資本関係のない会社	現金80,000
B 事業	150,000	100,000	資本関係のない会社	移転先企業の株式 （時価60,000）
C 事業	120,000	80,000	子会社	移転先企業の株式 （時価50,000）
D 事業	130,000	40,000	子会社	現金100,000
E 事業	110,000	60,000	関連会社	移転先企業の株式 （時価60,000）

① 20,000　② 30,000　③ 40,000　④ 50,000

【問7】 次の〈資料〉に関する（ア）から（ウ）の文章について，正誤の組み合わせとして正しいものを選びなさい。ただし，関連会社株式の金額は，本業に投下された資本として扱うものとする。

〈資料〉 各社の収益性に関する数値

(単位：百万円)

	A 社	B 社
経営資本の期中平均額	21,000	330,000
金融活動資本の期中平均額	3,000	110,000
売上高	6,000	270,000
営業利益	100	12,000
受取利息・配当金	20	500
持分法による投資利益	50	70

（ア） 本業たる営業活動の収益性は，B社の方がA社よりも高い。

（イ） 金融活動の収益性は，A社の方がB社よりも高い。

（ウ） 金融活動資本のROA獲得に対する貢献度は，B社の方がA社よりも高い。

① （ア）正 （イ）正 （ウ）誤　　② （ア）正 （イ）誤 （ウ）誤

③ （ア）誤 （イ）正 （ウ）正　　④ （ア）誤 （イ）誤 （ウ）正

【問8】 次の〈資料〉により，エコノミック・プロフィット法によるEVA（経済付加価値）を計算し，正しい数値を選びなさい。なお，NOPATは税引後営業利益に等しいと仮定し，算出された数値は小数点以下第3位を四捨五入しなさい。（例）1.234億円 → 1.23億円

〈資料〉

営業利益	100億円
投下資本（期首）	600億円
株式時価総額（期首）	800億円
有利子負債（期首時価）	200億円
株主資本コスト	6％
負債コスト	2％
実効税率	35％

① 34.64億円　　② 44.72億円　　③ 48.00億円　　④ 56.72億円

⑤ 69.64億円

【問9】 次の〈資料〉により，EV／EBITDA倍率を計算し，正しい数値を選びなさい。なお，算出された数値は，小数点以下第2位を四捨五入しなさい。（例）1.23倍 → 1.2倍

〈資料〉　　　　　　　　　　　　　（単位：百万円）

株式時価総額	300,000
有利子負債	85,000
減価償却費	11,000
支払利息	600
税引前当期純利益	12,000
当期純利益	7,400

① 0.1倍　　② 9.1倍　　③ 16.3倍　　④ 20.3倍　　⑤ 25.0倍

Ⅲ 甲社に関する〈資料1〉から〈資料3〉により，【問1】から【問7】の設問に答えなさい。ただし，比率の算定において連結貸借対照表数値は期中平均の数値を使用することとする。なお，金額の単位は百万円とし，△はマイナスを意味する。また，計算にあたって端数が生じる場合は，比率については小数点以下第2位を四捨五入し，金額については百万円未満を四捨五入すること。

（例）1.23% → 1.2%　1.23回 → 1.2回　1,234.5百万円 → 1,235百万円

【問1】　解答用紙に示している甲社のⅩ1年度およびⅩ2年度の収益性の指標を計算しなさい。

【問2】　【問1】の結果をふまえて，甲社のⅩ1年度とⅩ2年度の収益性を分析しなさい。

【問3】　セグメントの区分方法や測定方法の基礎となる〈資料3〉1．の下線部のような考え方を何というか，用語を書きなさい。

【問4】　解答用紙に示している甲社のⅩ2年度の各セグメントの売上高構成比率および成長性の指標を計算しなさい。

【問5】　【問4】の結果をふまえて，各セグメントの投資額と経営成果について比較分析しなさい。

【問6】　解答用紙に示している甲社の×2年度のセグメントごとの収益性の指標を計算しなさい。

【問7】　【問6】の結果をふまえて，甲社のどの事業が収益性に貢献しているかを示し，その要因について述べなさい。

〈資料1〉 要約連結貸借対照表

(単位:百万円)

	X0年度	X1年度	X2年度
資産の部			
流動資産	146,800	150,800	153,100
固定資産			
有形固定資産	156,900	155,800	170,600
無形固定資産	4,300	10,400	11,000
投資その他の資産	132,000	104,000	88,300
資産合計	440,000	421,000	423,000
負債の部			
流動負債	81,400	95,200	107,600
固定負債	246,100	207,400	190,200
負債合計	327,500	302,600	297,800
純資産の部			
株主資本	104,700	110,800	118,600
その他の包括利益累計額	3,700	3,100	2,400
非支配株主持分	4,100	4,500	4,200
純資産合計	112,500	118,400	125,200
負債純資産合計	440,000	421,000	423,000

〈資料2〉 要約連結損益計算書

(単位:百万円)

	X1年度	X2年度
売上高	144,000	169,700
売上原価	25,900	37,800
売上総利益	118,100	131,900
販売費及び一般管理費	102,900	114,300
営業利益	15,200	17,600
営業外収益	3,200	3,100
営業外費用	1,900	1,400
経常利益	16,500	19,300
特別利益	3,100	500
特別損失	2,000	1,300
税金等調整前当期純利益	17,600	18,500
法人税等合計	5,200	6,500
当期純利益	12,400	12,000
非支配株主に帰属する当期純利益	100	200
親会社株主に帰属する当期純利益	12,300	11,800

〈資料3〉 セグメント情報

1. 報告セグメントの概要

　　当社グループの報告セグメントは，<u>当社の構成単位のうち分離された財務情報が入手可能であり，取締役会が経営資源の配分の決定及び業績の評価をするために，定期的に検討を行う対象となっているもの</u>であります。

　　当社グループは，報告セグメントを「A事業」「B事業」「C事業」の3つの事業セグメントに分類しております。

2. 報告セグメントごとの売上高，利益又は損失，資産，負債その他の項目の金額の算定方法

　　報告されている事業セグメントの会計処理の方法は，連結財務諸表作成において採用している会計処理の方法と同一であります。報告セグメントの利益は，営業利益と調整しております。

3. 報告セグメントごとの売上高，利益又は損失，資産，負債その他の項目の金額に関する情報

（X1年度）　　　　　　　　　　　　　　　　　　　　　　　（単位：百万円）

| | 報告セグメント | | | | その他 | 合計 | 調整額 | 連結財務諸表計上額 |
	A事業	B事業	C事業	計				
外部顧客への売上高	43,000	74,000	26,000	143,000	1,000	144,000	—	144,000
セグメント利益	11,000	5,000	5,000	21,000	800	21,800	△6,600	15,200
セグメント資産	100,000	114,000	51,000	265,000	13,000	278,000	143,000	421,000
減価償却費	800	5,000	1,500	7,300	400	7,700	—	7,700
有形固定資産及び無形固定資産の増加額	200	7,800	9,800	17,800	300	18,100	3,000	21,100

（X2年度）　　　　　　　　　　　　　　　　　　　　　　　（単位：百万円）

| | 報告セグメント | | | | その他 | 合計 | 調整額 | 連結財務諸表計上額 |
	A事業	B事業	C事業	計				
外部顧客への売上高	56,000	78,000	31,000	165,000	4,700	169,700	—	169,700
セグメント利益	16,000	4,000	5,000	25,000	600	25,600	△8,000	17,600
セグメント資産	108,000	126,000	58,000	292,000	11,000	303,000	120,000	423,000
減価償却費	1,000	5,400	1,900	8,300	300	8,600	—	8,600
有形固定資産及び無形固定資産の増加額	100	17,400	6,600	24,100	100	24,200	3,500	27,700

Ⅳ 外食事業を営むA社は，X1年度・X2年度の実績にもとづいてX3年度の予算を編成している。A社の連結財務諸表に関する〈資料1〉から〈資料4〉により，【問1】から【問4】の設問に答えなさい。金額の単位は百万円とし，△はマイナスを意味する。なお，計算にあたって端数が生じる場合は，比率については小数点以下第2位を四捨五入し，金額については百万円未満を四捨五入すること。

（例）1.23% → 1.2%，123.4百万円 → 123百万円

【問1】 解答用紙に示している損益分岐点に関する各指標を計算しなさい。A社は，売上原価と販売費及び一般管理費について，変動費と固定費を次のように区分している。分析に用いる利益は営業利益とする。

・売上原価，広告宣伝費　：すべて変動費
・賃借料と減価償却費　　：すべて固定費
・人件費　　　　　　　　：40%変動費，60%固定費
・その他の費用　　　　　：50%変動費，50%固定費

【問2】 【問1】の結果から，A社のX1年度とX2年度について損益分岐点の推移について分析しなさい。

【問3】 A社はX3年度の利益計画において，〈資料3〉の状況を予想している。〈資料3〉にもとづいて，解答用紙に示すX3年度の各数値を計算し，X3年度の損益分岐点売上高および安全余裕度がX2年度と比較してどのように変化するか分析しなさい。

【問4】 同業B社もA社と同じ外的環境の影響を受けており，X3年度の売上高はX2年度比5%減少すると見込んでいる。A社およびB社のX3年度の売上高が計画よりも下振れし，X2年度比10%減となった場合の営業利益への影響について，営業レバレッジの観点から比較分析しなさい。

50

〈資料1〉 連結損益計算書

(単位：百万円)

	X1年度	X2年度
売上高	41,047	38,971
売上原価	25,206	24,584
売上総利益	15,841	14,386
販売費及び一般管理費	15,113	14,638
営業利益	727	△251
営業外収益		
受取利息及び配当金	22	54
その他	165	162
営業収益合計	188	217
営業外費用		
支払利息	70	76
持分法による投資損失	—	45
その他	99	52
営業外費用合計	169	174
経常利益	746	△209
特別利益		
投資有価証券売却益	—	53
その他	47	75
特別利益合計	47	128
特別損失		
減損損失	158	613
その他	115	59
特別損失合計	273	672
税金等調整前当期純利益	520	△753
法人税、住民税及び事業税	218	202
法人税等調整額	△63	102
法人税等合計	155	304
当期純利益	364	△1,057
非支配株主に帰属する当期純利益	34	32
親会社株主に帰属する当期純利益	330	△1,089

〈資料2〉 販売費及び一般管理費の内訳

（単位：百万円）

	X1年度	X2年度
人件費	6,510	6,340
広告宣伝費	253	240
賃借料	3,750	3,640
減価償却費	624	670
その他	3,976	3,748

〈資料3〉 X3年度の計画（記載のないものは，X2年度と同額である。）

①外部環境の先行きが不透明なことから，売上高はX2年度比5％減を見込む。

②仕入れルートの開拓や発注方法の見直しなどにより，売上原価率をX2年度の63.1％から61.1％に低減させる。

③人件費総額を6,150百万円と見込む。また，人件費のうち変動費となる割合を人件費全体の50％まで引き上げる。

④広告宣伝費をX2年度比20％削減する。

⑤不採算店舗の見直し等を行い，賃借料をX2年度比10％削減する。

〈資料4〉 同業B社のデータ

・X2年度売上高　26,700百万円

・X3年度の計画における変動費率　59.0％，固定費　9,206百万円

解答用紙（論述式） 〈Ⅰ Ⅱ（マークシート式）は省略〉

Ⅲ

【問1】

	X1年度	X2年度
総資本営業利益率	%	%
売上高営業利益率	%	%
総資本回転率	回	回

【問2】

【問3】

【問4】

X2年度	A事業	B事業	C事業
売上高構成比率	%	%	%
売上高伸び率	%	%	%
セグメント利益伸び率	%	%	%

【問5】

【問6】

X2年度	A事業	B事業	C事業
総資本営業利益率	%	%	%
売上高営業利益率	%	%	%
総資本回転率	回	回	回

【問7】

【問1】

	X1年度	X2年度
変動費率	%	%
固定費	百万円	百万円
損益分岐点売上高	百万円	百万円
安全余裕度	%	%

【問2】

【問3】

売上原価	百万円
販売費及び一般管理費	百万円
営業利益	百万円
固定費	百万円

57

【問 4 】

	A 社	B 社
営業レバレッジ	倍	倍
X 3 年度営業利益 （売上高 X 2 年度比 5 ％減）	百万円	百万円
X 3 年度営業利益 （売上高 X 2 年度比10％減）	百万円	百万円

ビジネス会計検定試験

第30回 1級 [問題]

〈制限時間　2時間30分〉

（2022年 3 月13日施行）

※　ビジネス会計検定試験の配点は，公表しておりません。

〈問題〉

Ⅰ 次の【問1】から【問9】の設問に答えなさい。

【問1】 次の項目のうち，金融商品取引法による開示書類として作成を義務付けられている項目の個数を選びなさい。

有価証券報告書	連結計算書類	臨時報告書	決算短信
内部統制報告書	四半期報告書	半期報告書	事業報告

① 1つ　　② 2つ　　③ 3つ　　④ 4つ　　⑤ 5つ

【問2】 連結キャッシュ・フロー計算書に関する次の文章について，正誤の組み合わせとして正しいものを選びなさい。

（ア） 自己株式の取得による支出は，投資活動によるキャッシュ・フローの区分に表示する。

（イ） 外貨建ての現金及び現金同等物の為替相場の変動による円貨増減額は，営業活動によるキャッシュ・フローの区分に表示する。

（ウ） 新たに株式を取得し連結子会社とした場合には，取得に伴い支出した現金及び現金同等物の額を投資活動によるキャッシュ・フローの区分に表示する。

① （ア）正 （イ）正 （ウ）正　　② （ア）正 （イ）誤 （ウ）誤

③ （ア）誤 （イ）正 （ウ）正　　④ （ア）誤 （イ）誤 （ウ）誤

【問3】 固定資産に関する次の文章について，正誤の組み合わせとして正しい
ものを選びなさい。

（ア） 投資不動産は，時価をもって，貸借対照表の固定資産「投資その他
の資産」の区分に表示される。

（イ） のれんは，20年以内のその効果が及ぶ期間に規則的に償却され，減
損の対象とならない。

（ウ） 資産計上された資産除去債務に対応する除去費用は，減価償却を通
じて有形固定資産の残存耐用年数にわたり各期に費用配分される。

① （ア）正 （イ）正 （ウ）誤　　② （ア）正 （イ）誤 （ウ）正

③ （ア）誤 （イ）正 （ウ）誤　　④ （ア）誤 （イ）誤 （ウ）正

【問4】 次の（ア）から（エ）の文章のうち，会計方針の変更に該当するもの
の正しい組み合わせを選びなさい。

（ア） 連結財務諸表作成のための基本となる重要な事項のうち，連結また
は持分法の適用の範囲に関する変動

（イ） キャッシュ・フロー計算書における資金の範囲の変更

（ウ） 会計処理の対象となる会計事象の重要性が増したことに伴う本来の
会計処理の原則および手続への変更

（エ） 会計処理の変更に伴う表示方法の変更

① アウ　　② アエ　　③ イウ　　④ イエ

【問5】　セグメント情報に関する次の文章について，正誤の組み合わせとして正しいものを選びなさい。

（ア）　マネジメント・アプローチを採用することで，企業間比較に優れた情報が提供される。

（イ）　連結財務諸表においてセグメント情報を開示している場合は，個別財務諸表ではセグメント情報の開示は要求されない。

（ウ）　開示される利益は，税金等調整前当期純利益または当期純利益のいずれかである。

①　（ア）正　（イ）正　（ウ）正　　　②　（ア）正　（イ）誤　（ウ）誤

③　（ア）誤　（イ）正　（ウ）誤　　　④　（ア）誤　（イ）誤　（ウ）正

【問6】　企業結合の会計に関する次の文章について，正誤の組み合わせとして正しいものを選びなさい。

（ア）　取得とされた企業結合において，現金以外を対価とする場合の被取得企業の取得原価は，支払対価の財の時価と被取得企業の時価のうち，いずれか高い方の金額で算定する。

（イ）　親会社が子会社を合併する場合，親会社の個別財務諸表では，子会社の資産および負債の適正な帳簿価額と保有していた子会社株式の適正な帳簿価額との差額をその他資本剰余金に計上する。

①　（ア）正　（イ）正　　　②　（ア）正　（イ）誤

③　（ア）誤　（イ）正　　　④　（ア）誤　（イ）誤

【問7】 内部統制報告制度に関する次の文章について，正誤の組み合わせとして正しいものを選びなさい。

> （ア） 内部統制報告書は，公認会計士等が内部統制監査を通じて作成することが義務付けられている。
>
> （イ） 内部統制が有効であるということは，内部統制に開示すべき重要な不備がないことを意味する。

① （ア）正 （イ）正　　② （ア）正 （イ）誤

③ （ア）誤 （イ）正　　④ （ア）誤 （イ）誤

【問8】 生産性に関する次の文章について，正誤の組み合わせとして正しいものを選びなさい。

> （ア） 労働生産性は，労働装備率と付加価値率に分解できる。
>
> （イ） 1人当たり人件費は，労働生産性と労働分配率に分解できる。

① （ア）正 （イ）正　　② （ア）正 （イ）誤

③ （ア）誤 （イ）正　　④ （ア）誤 （イ）誤

【問9】 乗数アプローチに関する次の文章について，正誤の組み合わせとして正しいものを選びなさい。

> （ア） PER（株価収益率）は，赤字企業を評価することができない。
>
> （イ） PBR（株価純資産倍率）計算上の分母は，土地や建物などの固定資産の含み益を考慮していない。

① （ア）正 （イ）正　　② （ア）正 （イ）誤

③ （ア）誤 （イ）正　　④ （ア）誤 （イ）誤

次の【問1】から【問9】の設問に答えなさい。

【問1】 次の〈資料〉により，当期（X1年4月1日からX2年3月31日）の貸借対照表において固定資産として計上される有価証券の金額を計算し，正しい数値を選びなさい。金額単位は千円であり，計算にあたって端数が出る場合は，千円未満を四捨五入すること。

（例）12,345.6千円 → 12,346千円

〈資料〉

銘柄	保有目的等	取得原価	期末時価
A社株式	売買目的有価証券	8,200	7,900
B社社債（＊）	満期保有目的の債券	19,400	19,100
C社株式	子会社株式	10,000	9,500
D社株式	その他有価証券	5,400	5,900

（＊） B社社債は，X0年10月1日に，額面金額20,000について発行と同時に購入したものである。額面金額と取得金額との差額は，金利の調整と認められるため償却原価法（定額法）により評価する。なお，当社債の償還期限は，X5年9月30日である。

① 34,500　　② 34,800　　③ 35,000　　④ 35,420　　⑤ 35,480

【問2】 次の〈資料〉により，当期（X2年4月1日からX3年3月31日）の損益計算書に計上される株式報酬費用の金額を計算し，正しい数値を選びなさい。

〈資料〉

X1年6月25日の株主総会で，1株当たりの行使価格を2,000円とする500,000株分のストック・オプションを従業員に付与することを決議し，X1年7月1日に付与した。当期において5,000株分のストック・オプションが失効しているが，信頼性をもって失効数を見積もることは困難と判断される。

ストック・オプションの公正な評価単価は，次のとおりである。

(単位：円)

付与決議日（X1年6月25日）	51
付与日（X1年7月1日）	54
X2年3月31日	57
X3年3月31日	66
権利確定日（X4年6月30日）	70

① 8,415,000円　② 8,842,500円　③ 9,000,000円　④10,890,000円

⑤ 11,932,500円

【問3】 在外子会社に関する次の〈資料〉により，当期末の連結貸借対照表に計上される為替換算調整勘定の金額を計算し，正しい数値を選びなさい。

〈資料〉 在外子会社の外貨表示の財務諸表

（単位：百万ドル）

〈貸借対照表〉	
流動資産	600
固定資産	400
資産合計	1,000
流動負債	300
固定負債	400
資本金	50
利益剰余金	250
負債純資産合計	1,000
〈株主資本等変動計算書〉	
期首利益剰余金	200
当期純利益	100
配当金	（　　　　）
期末利益剰余金	（　　　　）

（1） 換算為替相場（1ドル当たり）

　　決算日レート110円，期中平均レート108円，配当金支払時レート105円

（2） 損益計算書の項目は，期中平均相場により換算する。

（3） 資本金と期首利益剰余金の円貨換算額

　　資本金5,000百万円，期首利益剰余金20,400百万円

① 　0百万円　　② 　500百万円　　③ 　1,850百万円　　④ 　2,050百万円

⑤ 　3,600百万円

【問4】 次の〈資料〉により，当該リース物件について，当期（Ｘ１年４月１日からＸ２年３月31日）の損益計算書に計上される減価償却費の金額を計算し，正しい数値を選びなさい。金額単位は千円であり，計算にあたって端数が出る場合は，千円未満を四捨五入すること。

（例）12,345.6千円 → 12,346千円

〈資料〉

- リース取引開始日：Ｘ１年４月１日
- リース料：毎月末1,250，総額75,000
- 借手の見積現金購入価額：71,000（貸手の購入価額と等しいが，借手において当該価額は明らかでない。）
- 借手の追加借入利子率：３％（貸手の計算利子率を借手は知り得ない。）
- リース料総額を借手の追加借入利子率で割り引いた現在価値：69,565
- 解約不能のリース期間：５年
- リース物件の経済的耐用年数：６年
- 契約上の諸条件から，リース物件の所有権が借手に移転するとは認められない。
- 減価償却の方法：定額法

① 0   ② 11,594   ③ 11,833   ④ 13,913   ⑤ 14,200

【問5】 次の〈資料〉により，1株当たり純資産額を計算し，正しい数値を選びなさい。なお，計算にあたって端数が出る場合は，円未満を四捨五入すること。（例）12,345.6円 → 12,346円

〈資料〉

	期首	期末
純資産の部の合計額	20,000百万円	25,000百万円
新株式申込証拠金	―	600百万円
新株予約権	100百万円	150百万円
非支配株主持分	820百万円	850百万円
発行済株式数（＊）	1,000千株	1,000千株
うち，自己株式数	40千株	50千株

（＊） 発行している株式は，すべて普通株式である。

① 22,241円 ② 22,358円 ③ 22,686円 ④ 23,050円

⑤ 24,632円

【問6】 次の〈資料〉により，当期の手元流動性比率を計算し，正しい数値を選びなさい。ただし，貸借対照表数値は期中平均値を使用すること。なお，算出された数値は，小数点以下第2位を四捨五入すること。

（例）1.23カ月 → 1.2カ月

〈資料〉

（単位：百万円）

	前期	当期
現金及び預金	45,000	51,000
有価証券	7,000	12,000
売掛金	42,000	37,000
投資有価証券	30,000	35,000
売上高	250,000	280,000

① 0.5カ月 ② 2.5カ月 ③ 3.9カ月 ④ 4.2カ月 ⑤ 5.8カ月

【問7】 次の〈資料〉により，当期の営業利益ベースの損益分岐点比率を計算し，正しい数値を選びなさい。ただし，費用の固定費と変動費の分解は総費用法によることとし，算出された数値は，小数点以下第1位を四捨五入すること。（例）12.3% → 12%

〈資料〉

（単位：百万円）

	前期	当期
売上高	200,000	250,000
売上原価	100,000	110,000
販売費及び一般管理費	60,000	80,000
営業利益	40,000	60,000

① 26%　② 40%　③ 57%　④ 60%　⑤ 76%

【問8】 次の〈資料〉により，2年間株式を保有するとした場合の理論株価を計算し，正しい数値を選びなさい。なお，計算にあたって端数が出る場合は円未満を四捨五入すること。（例）12.6円 → 13円

〈資料〉

1年後の予想配当	200円
2年後の予想配当	208円
2年後の予想株価	3,000円
期待収益率	5%

① 379円　② 3,100円　③ 3,255円　④ 3,379円　⑤ 10,000円

【問9】 次の〈資料〉により，WACC（加重平均資本コスト）を計算し，正しい数値を選びなさい。なお，算出された数値は，小数点以下第3位を四捨五入すること。(例) 0.123% → 0.12%

〈資料〉

有利子負債（簿価）	24,800百万円
有利子負債（時価）	25,900百万円
純資産	12,000百万円
株式時価総額	18,000百万円
株主資本コスト	10%
有利子負債コスト	2%
実効税率	35%

① 4.14% ② 4.87% ③ 5.28% ④ 5.65% ⑤ 6.12%

Ⅲ A社とB社の連結財務諸表に関する〈資料1〉から〈資料3〉により，【問1】から【問8】の設問に答えなさい。ただし，収益性の比率の算定において連結貸借対照表数値は期中平均値を使用すること。なお，金額の単位は百万円とし，△はマイナスを意味する。また，計算にあたって端数が生じる場合は，比率については小数点以下第2位を四捨五入し，金額については百万円未満を四捨五入すること。(例) 1.23% → 1.2%　1,234.5百万円 → 1,235百万円

【問1】　解答用紙に示しているA社とB社の収益性およびデュポン・システムに関する指標を計算しなさい。

【問2】　【問1】の計算結果をふまえて，A社とB社の収益性について比較分析しなさい。

【問3】　A社とB社のキャッシュ・コンバージョン・サイクルを計算しなさい。なお，回転期間の指標の算定にあたっては，すべて売上高を使用することとする。

【問4】　【問1】と【問3】の計算結果をふまえて，A社とB社の収益性と資金収支の効率性を比較し，要因分析しなさい。

【問5】　解答用紙に示しているA社とB社の短期および長期の安全性に関する指標を計算しなさい。

【問6】　【問5】の計算結果をふまえて，A社とB社の安全性の良否について比較分析しなさい。

【問7】 【問2】の分析結果となった要因について，両社の損益構造の観点から比較して説明しなさい。

【問8】 【問6】の分析結果をふまえて，両社の資金調達方法および株主資本構成が収益性に与える影響を説明しなさい。

〈資料1〉 X1年度期末の連結貸借対照表

（単位：百万円）

	A 社	B 社
資産の部		
流動資産		
現金及び預金	38,313	21,849
受取手形及び売掛金	18,738	13,526
商品及び製品	14,830	6,091
仕掛品	4,559	858
原材料及び貯蔵品	2,896	1,025
その他	3,226	3,589
貸倒引当金	△81	△1
流動資産合計	82,481	46,937
固定資産		
有形固定資産		
建物及び構築物（純額）	12,187	16,622
機械装置及び運搬具（純額）	6,682	3,606
土地	5,238	17,165
リース資産（純額）	—	567
建設仮勘定	694	585
その他（純額）	2,297	1,105
有形固定資産合計	27,098	39,650
無形固定資産	6,255	317
投資その他の資産		
投資有価証券	3,548	7,319
繰延税金資産	1,719	4,051
その他	2,563	1,109
貸倒引当金	△93	△5
投資その他の資産合計	7,737	12,474
固定資産合計	41,090	52,441
資産合計	123,571	99,378

73

	A 社	B 社
負債の部		
流動負債		
支払手形及び買掛金	7,690	5,136
短期借入金	9,818	850
リース債務	—	266
未払金	3,004	2,859
未払法人税等	742	841
賞与引当金	699	730
役員賞与引当金	50	44
その他	5,228	838
流動負債合計	27,231	11,564
固定負債		
長期借入金	6,659	150
リース債務	—	300
繰延税金負債	71	45
退職給付に係る負債	755	8,661
その他	982	2,686
固定負債合計	8,467	11,842
負債合計	35,698	23,406
純資産の部		
株主資本		
資本金	2,340	32,367
資本剰余金	7,914	10,518
利益剰余金	103,577	34,891
自己株式	△20,061	△320
株主資本合計	93,770	77,456
その他の包括利益累計額		
その他有価証券評価差額金	126	361
為替換算調整勘定	△7,305	△879
退職給付に係る調整累計額	149	△1,066
その他の包括利益累計額合計	△7,030	△1,584
非支配株主持分	1,133	100
純資産合計	87,873	75,972
負債純資産合計	123,571	99,378

〈資料2〉 X1年度中の連結損益計算書

(単位：百万円)

	A 社	B 社
売上高	87,095	69,671
売上原価	41,858	30,544
売上総利益	45,237	39,127
販売費及び一般管理費	31,097	31,541
営業利益	14,140	7,586
営業外収益		
受取利息	68	76
受取配当金	123	146
その他	587	113
営業外収益合計	778	335
営業外費用		
支払利息	242	19
為替差損	227	412
その他	93	85
営業外費用合計	562	516
経常利益	14,356	7,405
特別利益	522	553
特別損失	555	526
税金等調整前当期純利益	14,323	7,432
法人税，住民税及び事業税	3,516	2,009
法人税等調整額	632	△88
法人税等合計	4,148	1,921
当期純利益	10,175	5,511
非支配株主に帰属する当期純利益	242	1
親会社株主に帰属する当期純利益	9,933	5,510

〈資料3〉 その他のデータ

(単位：百万円)

	A 社	B 社
X1年度期首の総資産	125,934	98,174
X1年度期首の自己資本	79,811	73,841

75

$\boxed{\text{IV}}$　A社とB社に関する〈資料1〉から〈資料4〉により,【問1】から【問5】の設問に答えなさい。なお,金額の単位は百万円とし,△はマイナスを意味する。また,計算にあたって端数が生じる場合は,比率については小数点以下第2位を四捨五入し,金額については百万円未満を計算のつど四捨五入すること。

　（例）1.23% → 1.2%　1.23回 → 1.2回　1,234.5百万円 → 1,235百万円

【問1】　A社とB社のX1年度期首における企業価値をフリー・キャッシュ・フロー法によって算定しなさい。ただし,事業価値の計算対象期間はX1年度からX2年度までとし,その間のフリー・キャッシュ・フローは予測キャッシュ・フロー計算書から計算すること。なお,X3年度以降の成長率はA社が毎期1%,B社が毎期0.4%とし,期待収益率は加重平均資本コスト（WACC）とする。

【問2】　【問1】の計算結果をふまえて,A社とB社のX1年度期首におけるフリー・キャッシュ・フロー法による企業価値を比較分析し,その要因を説明しなさい。

【問3】　X1年度において,予測財務諸表どおりの決算状況であるとき,X1年度のA社とB社のEVAを計算しなさい。なお,EBITは営業利益とする。

【問4】　【問3】の計算結果をふまえて,A社とB社のEVAを比較して,要因分析をしなさい。

【問5】　X1年度期末のA社とB社のトービンのq（シンプルq）を計算し,比較分析しなさい。

〈資料1〉　X1年度期首およびX1年度期末の予測連結貸借対照表

（単位：百万円）

	A社		B社	
	X1年度期首	X1年度期末	X1年度期首	X1年度期末
資産の部				
流動資産				
現金及び預金	7,552	5,305	37,410	37,486
売掛金	6,303	6,752	1,217	1,276
棚卸資産	2,436	2,497	6,632	7,072
その他	4,393	3,826	4,195	4,155
貸倒引当金	△15	△15	—	—
流動資産合計	20,669	18,365	49,454	49,989
固定資産				
有形固定資産	47,881	53,336	39,269	40,182
無形固定資産	731	791	835	751
投資その他の資産	27,857	26,770	13,173	13,974
固定資産合計	76,469	80,897	53,277	54,907
資産合計	97,138	99,262	102,731	104,896
負債の部				
流動負債				
買掛金	3,967	3,912	5,489	5,886
短期借入金	300	—	—	—
1年内返済予定の長期借入金	1,890	2,217	—	—
リース債務	1,210	1,461	9	9
その他	10,118	10,152	11,036	8,793
流動負債合計	17,485	17,742	16,534	14,688
固定負債				
長期借入金	3,516	3,203	—	—
リース債務	18,479	22,148	104	94
その他	5,685	5,044	5,681	6,717
固定負債合計	27,680	30,395	5,785	6,811
負債合計	45,165	48,137	22,319	21,499
純資産の部				
株主資本	47,466	47,559	77,535	80,951
その他の包括利益累計額	3,524	2,331	2,877	2,446
非支配株主持分	983	1,235	—	—
純資産合計	51,973	51,125	80,412	83,397
負債純資産合計	97,138	99,262	102,731	104,896

〈資料2〉 X1年度の予測連結損益計算書

（単位：百万円）

	A社	B社
売上高	137,700	154,063
売上原価	42,584	56,268
売上総利益	95,116	97,795
販売費及び一般管理費	89,407	89,155
営業利益	5,709	8,640
営業外収益		
受取利息及び受取配当金	124	228
その他	736	101
営業外収益合計	860	329
営業外費用		
支払利息	745	2
その他	59	72
営業外費用合計	804	74
経常利益	5,765	8,895
特別利益	31	76
特別損失	936	1,368
税金等調整前当期純利益	4,860	7,603
法人税等合計	1,938	2,529
当期純利益	2,922	5,074
非支配株主に帰属する当期純利益	131	－
親会社株主に帰属する当期純利益	2,791	5,074

〈資料3〉 X1年度およびX2年度の予測連結キャッシュ・フロー計算書

(単位:百万円)

	A 社		B 社	
	X1年度	X2年度	X1年度	X2年度
営業活動によるキャッシュ・フロー				
税金等調整前当期純利益	4,860	3,887	7,603	7,443
減価償却費	5,700	6,516	6,297	6,228
受取利息及び受取配当金	△124	△137	△228	△254
支払利息	745	852	2	4
売上債権の増減額	△433	△250	△58	△702
棚卸資産の増減額	△38	△70	△478	473
仕入債務の増減額	△71	△19	410	1
その他	563	1,798	550	3,568
小計	11,202	12,577	14,098	16,761
利息及び配当金の受取額	285	310	194	224
利息の支払額	△744	△845	△2	△4
法人税等の支払額	△2,265	△2,193	△3,977	△2,276
営業活動によるキャッシュ・フロー	8,478	9,849	10,313	14,705
投資活動によるキャッシュ・フロー	△6,421	△5,941	△8,017	△6,016
財務活動によるキャッシュ・フロー	△4,291	△4,774	△1,770	△1,853
現金及び現金同等物に係る換算差額	△12	4	△450	△1,133
現金及び現金同等物の増減額	△2,246	△862	76	5,703
現金及び現金同等物の期首残高	7,557	5,311	37,410	37,486
現金及び現金同等物の期末残高	5,311	4,449	37,486	43,189

〈資料4〉 X1年度のその他のデータ

	A 社	B 社
加重平均資本コスト（WACC）	1.6%	1.8%
実効税率	30.0%	30.0%
発行済株式総数（期末，千株）	40,204	52,272
株価（期末，円）	3,280	3,550

解答用紙（論述式） 〈（マークシート式）は省略〉

Ⅲ

【問1】

	A社	B社
自己資本当期純利益率	％	％
売上高当期純利益率	％	％
総資本回転率	回	回
財務レバレッジ	倍	倍

【問2】

【問3】

	A社	B社
キャッシュ・コンバージョン・サイクル	日	日

【問4】

【問5】

	A 社	B 社
流動比率	%	%
自己資本比率	%	%

【問6】

【問7】

【問 8 】

Ⅳ

【問1】

	A 社	B 社
事業価値	百万円	百万円
継続価値	百万円	百万円
企業価値	百万円	百万円

【問2】

【問3】

	A 社	B 社
EVA	百万円	百万円

【問 4 】

| |
| |
| |
| |

【問 5 】

| |
| |
| |

解答・解説編

［解答・解説］

第26回

I

【問1】 ①

解説

　本問は，金融商品取引法上のディスクロージャーにおいて継続開示が求められる四半期報告書の制度についての基本的な理解を問う問題である。

➤テキスト　第1章第3節❶（5）参照

【問2】 ③

解説

　本問は，金融商品取引法にもとづく財務諸表・連結財務諸表と会社法にもとづく計算書類・連結計算書類の体系についての基本的な理解を問う問題である。

　誤っているものについて解説すると，次のとおりである。

（ア）包括利益は，連結財務諸表に表示されるが，財務諸表には表示されない。

（エ）事業報告は，会社法の計算書類に含まれない。会社法は，計算書類以外に，計算書類の附属明細書と事業報告およびその附属明細書の作成と開示を求めている。

➤テキスト　第2章第1節参照

【問3】 ③

解説

　本問は，純資産の部に計上するその他資本剰余金，その他利益剰余金，その他有価証券評価差額，および為替換算調整勘定の処理についての理解を問う問題である。

　誤っているものについて解説すると，次のとおりである。

（イ）その他資本剰余金を原資として配当を行った場合には，配当額の1/10を

資本準備金として積み立てる必要がある。ただし，利益準備金と資本準備金の合計額が資本金の1／4に達すれば積み立てることを要しない。

（ウ）為替換算調整勘定は，在外子会社の貸借対照表項目を円換算するときに計上される。

➤テキスト　第2章第3節❹（1）（2）参照

【問4】　③

解説▶

　本問は，研究開発活動に関する情報の開示，研究開発費の会計処理および表示についての理解を問う問題である。

　誤っているものについて解説すると，次のとおりである。

（イ）特定の研究目的にのみ使用される特許権の取得原価は，取得時に研究開発費として処理する。

（ウ）研究開発に要した費用を一括して製造現場で発生する原価に含めて計上しているような場合には，研究開発費を当期製造費用に算入することができる。

➤テキスト　第3章第4節❷（2）（3）（4）参照

【問5】　③

解説▶

　本問は，引当金と退職給付のうち貸倒引当金，返品調整引当金，および退職給付債務の処理と開示についての理解を問う問題である。

　誤っているものについて解説すると，次のとおりである。

（イ）貸倒懸念債権の貸倒見積高は，「財務内容評価法」あるいは「キャッシュ・フロー見積法」によって算定する。

（ウ）貸倒見積高を注記するのは，債権の金額から貸倒引当金残高を直接控除して貸借対照表に表示する場合である。

（エ）返品調整引当金の繰入額と戻入額は，売上総利益の調整項目として表示

する。

➤テキスト　第3章第5節❶（2）（3）・❷（1）参照

【問6】　②
解説▶

　本問は，税効果会計の対象，繰延税金資産・負債の処理および表示についての基本的な知識を問う問題である。

　誤っているものについて解説すると，次のとおりである。

（イ）事業税の所得割は，法定実効税率の計算に加味される。

【問7】　④
解説▶

　本問は，貸借対照表の投資その他の資産に計上する投資不動産の評価基準，ならびに注記する賃貸等不動産についての基本的な知識を問う問題である。

　誤っているものについて解説すると，次のとおりである。

（ア）投資不動産の貸借対照表評価額は，取得原価である。

（イ）遊休不動産は，賃貸等不動産に含まれる。

【問8】　①
解説▶

　本問は，損益分岐点比率と営業レバレッジを用いて売上や費用構造の違いが利益変動に及ぼす影響についての理解を問う問題である。

【問9】 ①

解説▶

　本問は，企業価値の評価指標である EV ／ EBITDA 倍率についての理解を問う問題である。

　誤っているものについて解説すると，次のとおりである。

（ウ）指標の値が相対的に低い方が，株価は割安であると判断できる。

▶テキスト　第6章第5節❸（1）参照

【問 1】　①

解説

　本問は，減損会計の適用ステップのうち，減損の兆候の把握，減損損失の認
識の判定，減損損失の測定についての理解を問う問題である。

　損益計算書に計上する各資産グループの減損損失の金額を算定すると次のと
おりである。

1．減損の兆候の把握

　①A資産グループ

　　市場価格10,000百万円≦資産の帳簿価額100,000百万円×50％＝50,000百万円

　　資産の市場価格の著しい下落に該当するため「減損の兆候あり」

　②B資産グループ

　　営業損益が継続的にマイナスであるため「減損の兆候あり」

　③C資産グループ

　　市場価格40,000百万円＞資産の帳簿価額50,000百万円×50％＝25,000百万円

　　資産の市場価格の著しい下落に該当しないため「減損の兆候なし」

2．減損損失の認識の判定

　①A資産グループ

　　割引前将来キャッシュ・フロー25,000百万円＜資産の帳簿価額100,000百万円

　　割引前将来キャッシュ・フローが資産の帳簿価額を下回るため「減損損失
　　を認識する」

　②B資産グループ

　　割引前将来キャッシュ・フロー155,000百万円＜資産の帳簿価額150,000百
　　　万円

　　割引前将来キャッシュ・フローが資産の帳簿価額を上回るため「減損損失
　　を認識しない」

3．減損損失の測定（A資産グループ）

正味売却価額10,000百万円＜使用価値20,000百万円　→　回収可能価額20,000百万円

減損損失の金額80,000百万円＝資産の帳簿価額100,000百万円－回収可能価額20,000百万円

➤テキスト　第3章第3節❺（3）参照

【問2】　②

解説▶

　本問は，ストック・オプションが付与された場合の貸借対照表に計上すべき新株予約権の金額の計算方法についての理解を問う問題である。

　当期の貸借対照表に計上される新株予約権の金額を算定すると次のとおりである。

　新株予約権の金額4,287,500円＝付与日における公正な評価額15円

　　× （付与数500,000株－失効数10,000株）

　　× $\dfrac{付与日から当期末までの月数（9月＋12月）}{付与日から権利確定日までの月数36月}$

➤テキスト　第3章第6節❼参照

【問3】　④

解説▶

　本問は，連結財務諸表における1株当たり当期純利益の計算方法についての理解を問う問題である。

　1株当たりの当期純利益を算定すると次のとおりである。

　普通株式に係る当期純利益9,600百万円＝親会社株主に帰属する当期純利益10,000百万円－（優先配当額80円×5百万株）

　普通株式の期中平均株式数101.05百万株＝普通株式の期中平均発行済株式数105百万株－普通株式の期中平均自己株式数3.95百万株

$$1株当たり当期純利益95.00円 = \frac{普通株式に係る当期純利益9,600百万円}{普通株式の期中平均株式数101.05百万株}$$

【問4】　⑤

解説

　本問は，外貨建有価証券のうち償却原価法が適用される満期保有目的の債券の貸借対照評価額と有価証券利息の計算方法についての理解を問う問題である。

（ア）貸借対照表に計上される投資有価証券の金額

　　　償却原価法による差額2万ドル＝

$$（額面金額200万ドル－取得価額190万ドル）\times \frac{1年}{5年}$$

　　　A社社債の金額（償却後簿価）19,008万円＝（取得価額190万ドル＋償却原価法による差額2万ドル）×決算日レート99円

（イ）損益計算書に計上される有価証券利息

　　①決算日に受け取った利息396万円＝4万ドル×取引日（決算日）レート99円

　　②償却原価法による差額188万円＝2万ドル×期中平均為替レート94円

　　③損益計算書に計上される有価証券利息584万円＝①396万円＋②188万円

▶テキスト　第3章第7節❷（2）参照

【問5】　②

解説

　本問は，フリー・キャッシュ・フロー法により企業価値を評価する方法についての理解を問う問題である。

　本問では，①1年目と2年目までのフリー・キャッシュ・フローを計算し，②それぞれを投資家の期待収益率8％で割り戻すことにより事業価値を計算し，③3年目以降のフリー・キャッシュ・フローの成長率6％および投資家の期待

収益率8％を用いて継続価値を計算し，④事業価値と投資家の期待収益率8％で割り戻した継続価値を合計して企業価値を計算する。

①フリー・キャッシュ・フローの計算

　　1年目10,500千円＝NOPAT10,000千円＋減価償却費2,000千円－設備投資額1,000千円－運転資本増加額500千円

　　2年目11,500千円＝11,000千円＋2,000千円－1,000千円－500千円

　　NOPAT（2年目）11,000千円＝NOPAT（1年目）10,000千円×（1＋成長率0.1）

②事業価値の計算

$$事業価値19,582千円＝\frac{10,500千円}{（1＋0.08）}＋\frac{11,500千円}{（1＋0.08）^2}$$

③継続価値の計算

$$継続価値609,500千円＝\frac{11,500千円×1.06}{（0.08－0.06）}$$

④企業価値の計算

$$企業価値542,130千円＝19,582千円＋\frac{609,500千円}{（1＋0.08）^2}$$

▶テキスト　第6章第2節❸参照

【問6】　③

解説

　本問は，合併時の会計処理についての基本的な理解を問う問題である。

　合併にあたり取得企業（A社）は，被取得企業（B社）から受け入れた資産および引き受けた負債について合併日時点の時価を基礎に計上する。A社は合併対価としてA社株式をB社株主に交付したが，合併対価がB社時価純資産を上回っているためのれんが発生する。

　のれんの金額45百万円＝合併対価325百万円－（B社資産（時価）430百万円－B社負債（時価）150百万円）

・合併対価325百万円 = A社株式6,500円 × 50,000株

▶テキスト　第3章第13節❹参照

【問7】　②

解説▶

　本問は，生産性の分析のうち労働生産性に関連する指標についての基本的な理解を問う問題である。

　A社およびB社の労働生産性，付加価値率，設備生産性および労働分配率を算定すると次のとおりである。

① A社

$$労働生産性\ 10百万円 = \frac{付加価値額20,000百万円}{平均従業員数2,000人}$$

$$付加価値率\ 0.200 = \frac{付加価値額20,000百万円}{売上高100,000百万円}$$

$$設備生産性\ 1.333 = \frac{付加価値額20,000百万円}{平均有形固定資産額15,000百万円}$$

$$労働分配率\ 0.600 = \frac{人件費12,000百万円}{付加価値額20,000百万円}$$

② B社

$$労働生産性\ 13百万円 = \frac{23,400百万円}{1,800人} \qquad 付加価値率\ 0.200 = \frac{23,400百万円}{117,000百万円}$$

$$設備生産性\ 1.733 = \frac{23,400百万円}{13,500百万円} \qquad 労働分配率\ 0.508 = \frac{11,880百万円}{23,400百万円}$$

（エ）　A社の労働分配率0.6であり，B社の労働分配率0.508よりも高い。

▶テキスト　第5章第3節❷❸参照

【問8】　②

解説

　本問は，安全性の分析のうちキャッシュ・フローの面から基本的な資金収支の安全性を判断するための指標である経常収支比率についての基本的な理解を問う問題である。

　経常収支比率を算定すると次のとおりである。

　売上収入248,000百万円＝売上高240,000百万円＋売上債権減少額16,000百万円－前受金減少額8,000百万円

　金融収入7,000百万円＝利息及び配当金の受取額7,000百万円

　経常的収入255,000百万円＝売上収入248,000百万円＋金融収入7,000百万円

　経常的支出242,500百万円＝経常的収入255,000百万円－営業活動によるキャッシュ・フロー12,500百万円

$$経常収支比率\ 105.154\% = \frac{経常的収入255,000百万円}{経常的支出242,500百万円} \times 100$$

➤テキスト　第5章第4節❹（2）参照

【問9】　①

解説

　本問は，証券アナリストなどの市場参加者により企業価値評価を行うにあたって用いられている株価純資産倍率（PBR）と株価売上高倍率（PSR）の計算方法についての理解を問う問題である。

　それぞれを算定すると次のとおりである。

$$株価純資産倍率（PBR）1.2倍 = \frac{株式時価総額3,600百万円}{純資産3,000百万円}$$

$$株価売上高倍率（PSR）0.6倍 = \frac{株式時価総額3,600百万円}{売上高6,000百万円}$$

➤テキスト　第6章第5節❷（2）（3）参照

（本問の解説における金額単位は百万円）

【問1】

	A社	B社
固定比率	126.27　%	88.47　%
自己資本比率	50.20　%	65.01　%
流動比率	117.90　%	187.75　%
当座比率	59.09　%	102.54　%

　　固定比率と自己資本比率は，長期の安全性を表す指標である。固定比率が100％以下であれば固定資産への投資資金が自己資本の範囲でまかなわれていることを表し望ましいとされる。B社の固定比率は100％を下回っているのに対してA社の固定比率は100％を超えている。自己資本比率は大きいほど安全性が高く，50％以上であることが望ましいとされる。両社ともに50％を超える水準にあるが，B社の方がA社よりも高い。したがって，長期の安全性についてはB社の方がA社よりも優れていると判断することができる。

　　流動比率と当座比率は，短期の安全性を表す指標である。債務返済能力の観点からは，これらの比率が高いほど短期の安全性は優れていると判断され，100％以上が望ましいとされる。流動比率は両社とも100％を超えているが，B社の方が高い。またB社の当座比率は100％を上回っているが，A社は100％を大きく下回っている。したがって，短期の安全性についてもB社の方がA社よりも優れていると判断することができる。

解説

　本問は，貸借対照表にもとづく古典的な安全性評価の指標のうち長期の安全性の分析指標（固定比率と自己資本比率）と短期の分析指標（流動比率と当座比率）についての基本的な理解を問う問題である。

　Ａ社およびＢ社の固定比率，自己資本比率，流動比率および当座比率を算定すると次のとおりである。

・固定比率

$$\text{Ａ社　}126.27\% = \frac{\text{固定資産}176,286}{\text{自己資本}139,609} \times 100$$

　　自己資本139,609＝株主資本143,341＋その他包括的利益累計額△3,732

$$\text{Ｂ社　}88.47\% = \frac{98,503}{108,579 + 2,762} \times 100$$

・自己資本比率

$$\text{Ａ社　}50.20\% = \frac{\text{自己資本}139,609}{\text{総資本}278,133} \times 100 \qquad \text{Ｂ社　}65.01\% = \frac{111,341}{171,273} \times 100$$

・流動比率

$$\text{Ａ社　}117.90\% = \frac{\text{流動資産}101,847}{\text{流動負債}86,384} \times 100 \qquad \text{Ｂ社　}187.75\% = \frac{72,770}{38,760} \times 100$$

・当座比率

$$\text{Ａ社　}59.09\% = \frac{\text{現金及び預金}26,334 + \text{受取手形及び売掛金}25,057 - \text{貸倒引当金}350}{\text{流動負債}86,384} \times 100$$

$$\text{Ｂ社　}102.54\% = \frac{9,477 + 30,277 - 9}{38,760} \times 100$$

▶テキスト　第5章第4節❷参照

【問2】

	A 社	B 社
手元流動性比率	1.29　月	0.82　月

> 　手元流動性比率は流動性の著しく高い現金及び預金と有価証券の在り高で短期の支払能力をみるための指標であり，この指標が高いほど安全性が高いと判断される。したがって，手元流動性比率からみた短期の安全性はA社の方がB社よりも優れていると判断することができる。
>
> 　これを【問1】の結果と比較すると，B社の流動比率と当座比率がA社よりも高かった要因は，B社の流動資産に占める売上債権の比率が高かったことにあり，手元流動性でみると短期の安全性の分析結果が反対になったと判断できる。

解説

　本問は，安全性の分析の視点から手元流動性比率についての理解を問う問題である。

　A社およびB社の手元流動性比率を算定すると次のとおりである。

A社 $1.29月 = \dfrac{（期首現金及び預金26,096＋期末現金及び預金26,334）\div 2}{売上高243,075 \div 12月}$

B社 $0.82月 = \dfrac{（9,670＋9,640）\div 2}{140,521 \div 12}$

➤テキスト　第5章第2節❺（4）参照

【問3】

	A 社	B 社
ROA	2.95 ％	4.09 ％
（売上高事業利益率　）	3.43 ％	4.96 ％
総資本回転率	0.86 回	0.82 回

解説

　本問は，会社全体の収益性を表す ROA（総資本事業利益率）ならびにその構成指標である売上高事業利益率と総資本回転率の計算方法についての知識を問う問題である。

　ROA（総資本事業利益率）＝売上高事業利益率×総資本回転率

　A 社および B 社の総資本事業利益率，売上高事業利益率および総資本回転率を算定すると次のとおりである。

・ROA

A 社 $2.95\% = \dfrac{事業利益8,342}{期中平均総資本282,679} \times 100$

　事業利益8,342＝営業利益6,667＋受取利息及び配当金900＋持分法による投資利益775

　期中平均総資本282,679＝$\dfrac{期首総資本287,225＋期末総資本278,133}{2}$

B 社 $4.09\% = \dfrac{6,969}{170,367} \times 100$

　事業利益6,969＝6,239＋474＋256

　期中平均総資本170,367＝$\dfrac{169,461＋171,273}{2}$

・売上高事業利益率

$$\text{A 社 } 3.43\% = \frac{\text{事業利益8,342}}{\text{売上高243,075}} \times 100 \qquad \text{B 社 } 4.96\% = \frac{6,969}{140,521} \times 100$$

・総資本回転率

$$\text{A 社 } 0.86\text{回} = \frac{\text{売上高243,075}}{\text{期中平均総資本282,679}} \qquad \text{B 社 } 0.82\text{回} = \frac{140,521}{170,367}$$

▶テキスト　第5章第2節❶（2）・❸（1）参照

【問4】

ROA は，企業全体の投下資本の収益性を表す指標である。B 社の ROA は4.09％であり A 社の2.95％よりも1.14ポイント高く，総資本の収益性は B 社の方が A 社よりも優れていると判断することができる。

ROA は，売上高事業利益率と総資本回転率に分解することができる。まず売上高事業利益率は，A 社が3.43％，B 社4.96％であり，B 社の方が1.53ポイント高く優れていると判断することができる。一方，総資本回転率は，A 社が0.86回，B 社が0.82回であり，A 社の方が0.04回高いが大きな相違はない。

したがって，B 社の ROA が A 社よりも高いのは，B 社の売上高事業利益率が A 社よりも高いことに起因している。

解説

本問は，【問3】の計算結果にもとづいて会社全体の収益性を表す総資本事業利益率の優劣の要因分析についての総合的な分析能力を問う問題である。

▶テキスト　第5章第2節❶（2）・❸（1）参照

【問5】

	A 社	B 社
ROE	3.91 ％	2.87 ％
（売上高当期純利益率）	2.08 ％	2.34 ％
総資本回転率	0.86 回	0.82 回
（財務レバレッジ ）	2.18 倍	1.49 倍

解説

　本問は，株主からみた収益性を表す ROE（自己資本当期純利益率）ならびにその構成指標である売上高当期純利益率，総資本回転率および財務レバレッジの計算方法についての知識を問う問題である。

　　自己資本当期純利益率＝売上高当期純利益率×総資本回転率×財務レバレッジ

　A 社および B 社の ROE，売上高当期純利益率，および財務レバレッジを算定すると次のとおりである。

・ROE

A 社 $3.91\% = \dfrac{親会社株主に帰属する当期純利益5,066}{期中平均自己資本129,481} \times 100$

期中平均自己資本$129,481 = \dfrac{期首自己資本119,353 + 期末自己資本139,609}{2}$

期首自己資本$119,353 = $ 期首株主資本合計$129,027 + $ 期首その他包括利益累計額$\triangle 9,674$

B 社 $2.87\% = \dfrac{3,286}{114,307} \times 100$

$114,307 = \dfrac{117,272 + 111,341}{2}$　　　　$117,272 = 113,462 + 3,810$

・売上高当期純利益率

A 社 $2.08\% = \dfrac{\text{親会社株主に帰属する当期純利益5,066}}{\text{売上高243,075}} \times 100$

B 社 $2.34\% = \dfrac{3,286}{140,521} \times 100$

・財務レバレッジ

A 社 $2.18倍 = \dfrac{\text{期中平均総資本282,679}}{\text{期中平均自己資本129,481}}$

B 社 $1.49倍 = \dfrac{170,367}{114,307}$

【問6】

ROE は，株主の観点からみた収益性を表す指標である。A 社の ROE は 3.91％であり B 社の2.87％よりも1.04ポイント高く，株主の観点からみた収益性は A 社の方が B 社よりも優れていると判断することができる。
ROE は，売上高当期純利益率，総資本回転率，財務レバレッジの3つの要素に分解することができる。まず売上高当期純利益率は，A 社が2.08％，B 社2.34％であり，B 社の方が0.26ポイント高い。次に総資本回転率は，A 社が0.86回，B 社が0.82回であり，A 社の方が0.04回高いが大きな相違はない。自己資本比率の逆数である財務レバレッジは，A 社が2.18倍，B 社が1.49倍であり自己資本比率の低い A 社の方が0.69ポイント高い。
売上高当期純利益率は B 社の方が A 社よりも高いが，財務レバレッジは A 社の方が B 社よりも高い。したがって A 社の ROE の方が B 社よりも高いのは，主として財務レバレッジの差が主要な要因であると判断することができる。

解説

本問は，【問5】の計算結果にもとづいて株主の観点からみた収益性を表すROE（自己資本当期純利益率）の優劣の要因分析についての総合的な分析能力を問う問題である。

➤テキスト　第5章第2節❶（3）・❸（2）参照

【問7】

> ROAは，企業全体の観点から収益性を測定する指標であり，企業が経営活動で使用するすべての資本である「総資本」と，支払利息などの金融費用を控除する前の「事業利益」を対比させることにより求めることができる。
>
> ROEは，出資者である株主の観点からみた収益性を測定する指標であり，株主に帰属する資本を表す「自己資本」と，株主に帰属する当期の利益額である「親会社株主に帰属する当期純利益」を対比させることにより求めることができる。

解説

収益性を総合的に分析するには資本利益率が用いられるが，分母の「資本」と分子の「利益」の組合せにあたっては，分析の目的との論理的な整合性が重要である。本問は，企業全体の収益性の測定指標であるROA（総資本事業利益率）と株主からみた収益性の測定指標であるROE（自己資本当期純利益率）について，対比させるべき「資本」と「利益」についての理解を問う問題である。

➤テキスト　第5章第2節❶参照

（本問の解説における金額単位は百万円）

【問1】

資本コスト	X2年度	X4年度
株主資本コスト	3.5　％	2.5　％
負債コスト（節税効果考慮前）	1.3　％	0.9　％
加重平均資本コスト（WACC）	3.3　％	2.4　％

解説

　資本コストとは，株主や債権者が資金提供先の企業に対して求める最低限の期待収益率を意味する。本問は，企業価値を推定する場合に不可欠な加重平均資本コストの算出方法についての理解を問う問題である。

①株主資本コスト

　株主資本コストの算出にあたってはCAPM（資本資産評価モデル）によるとされており，算出に必要な数値は〈資料2〉（2）X4年度のデータで与えられているから，株主資本コストは次の算式で求めることができる。

　X4年度の株主資本コスト2.5％＝無リスク利子率0.5％＋β0.4×市場リスク・プレミアム5％

②負債コスト

　〈資料1〉の連結貸借対照表において有利子負債の金額を知ることができ，支払利息額について〈資料1〉の連結損益計算書から入手できるから，負債コストを推定することができる。

・X2年度の負債コスト1.3％ ＝ $\dfrac{\text{X2年度支払利息1,900}}{\text{X2年度期首・期末平均有利子負債141,500}} \times 100$

$$X2年度期首・期末平均有利子負債141,500 = \frac{期首115,000 + 期末168,000}{2}$$

X2年度期首有利子負債115,000 = X1年度短期借入金21,200 + リース債務（流動負債）8,200 + 社債50,000 + 長期借入金30,300 + リース債務（固定負債）5,300

X2年度期末有利子負債168,000 = X2年度短期借入金1,100 + リース債務（流動負債）16,000 + 社債50,000 + 長期借入金70,200 + リース債務（固定負債）30,700

・$$X4年度の負債コスト0.9\% = \frac{X4年度支払利息1,300}{X4年度期首・期末平均有利子負債146,750} \times 100$$

$$X4年度期首・期末平均有利子負債146,750 = \frac{期首152,400 + 期末141,100}{2}$$

X4年度期首有利子負債152,400 = X3年度短期借入金30,300 + リース債務（流動負債）11,400 + 社債50,000 + 長期借入金40,400 + リース債務（固定負債）20,300

X4年度期末有利子負債141,100 = X4年度短期借入金300 + リース債務（流動負債）4,800 + 社債50,000 + 長期借入金70,300 + リース債務（固定負債）15,700

③加重平均資本コスト（WACC）

〈資料2〉（1）X2年度およびX4年度のデータに株価と発行済株式総数が提示されているので株主資本時価総額を算定することができる。

X2年度株主資本時価総額2,125,000 = 4,250円×500百万株

X4年度株主資本時価総額2,575,000 = 5,150円×500百万株

〈資料2〉（1）X2年度およびX4年度のデータに「社債以外の有利子負債の時価は，簿価と等しいものとする。」とあるから，社債については〈資料2〉から，他の有利子負債は連結貸借対照表から金額を知ることができる。したがって有利子負債時価総額については，②の負債コストの算定にあたって用いた期首・期末平均有利子負債に社債の時価と簿価の差額を調整することによっ

105

て得ることができる。

・X 2 年度の有利子負債時価総額142,000＝期首・期末平均有利子負債141,500
　＋社債時価調整額500

　社債時価調整額500＝

$$\frac{（X 2 年度期首社債時価50,600 - 50,000）＋（X 2 年度期末社債時価50,400 - 50,000）}{2}$$

・X 4 年度の有利子負債時価総額146,950＝期首・期末平均有利子負債146,750
　＋社債時価調整額200

　社債時価調整額200＝

$$\frac{（X 4 年度期首社債時価50,300 - 50,000）＋（X 4 年度期末社債時価50,100 - 50,000）}{2}$$

　加重平均資本コストの算定にあたって（1 －実効税率）を乗じることにより
負債の節税効果を考慮するが，その場合の実効税率は〈資料 2 〉（1）X 2 年
度および X 4 年度のデータに35％として計算するよう指示されている。

・X 2 年度の加重平均資本コスト3.3％＝$\dfrac{株主資本時価総額2,125,000}{株主資本時価総額2,125,000 ＋ 有利子負債時価総額142,000}$

　×株主資本コスト3.5％＋$\dfrac{有利子負債時価総額142,000}{株主資本時価総額2,125,000 ＋ 有利子負債時価総額142,000}$

　×（1 －実効税率35％）×有利子負債コスト1.3％

・X 4 年度の加重平均資本コスト2.4％＝$\dfrac{2,575,000}{2,575,000 ＋ 146,950}$×2.5％＋

$\dfrac{146,950}{2,575,000 ＋ 146,950}$×（1 －35％）×0.9％

≫テキスト　第 6 章第 3 節❸❹❺参照

【問2】

	X2年度	X4年度
EBIT	168,000　百万円	205,600　百万円
NOPAT	109,200　百万円	133,640　百万円
投下資本	761,600　百万円	865,700　百万円
EVA	84,067　百万円	112,863　百万円

解説

　本問は，エコノミック・プロフィット法による企業価値の評価指標である EVA（経済付加価値）の算定方法についての理解を問う問題である。

① EBIT

　X2年度168,000＝経常利益166,200＋支払利息1,900－受取利息100

　X4年度205,600＝204,500＋1,300－200

② NOPAT

　X2年度109,200＝EBIT168,000×（1－実効税率35%）

　X4年度133,640＝205,600×（1－35%）

③ 投下資本

　X2年度の投下資本761,600＝期首有利子負債115,000（＝X1年度短期借入金21,200＋リース債務（流動負債）8,200＋社債50,000＋長期借入金30,300＋リース債務（固定負債）5,300）＋期首株主資本633,100（＝X1年度株主資本）＋期首非支配株主持分13,500（＝X1年度非支配株主持分）

　X4年度の投下資本865,700＝152,400（＝30,300＋11,400＋50,000＋40,400＋20,300）＋701,700＋11,600

④ EVA

　X2年度 84,067＝NOPAT 109,200－X2年度投下資本761,600×3.3%

　X4年度 112,863＝133,640－865,700×2.4%

▶テキスト　第 6 章第 4 節❶❸参照

【問 3】

> 　ROE は［当期純利益／自己資本×100（％）］であり，支払利息等控除後の当期純利益を利益概念として用いていることから，負債コストについては考慮された指標であるが，株主資本コストについては考慮されていない。それに対して EVA は，負債コストだけでなく株主資本コストも控除された評価指標であり，利益に対してより包括的な資本コストを反映している。

解説

　EVA では利益が資本コストを上回る部分を経済的に追加された価値と考えるが，その算定にあたっては資本コストを包括的に考慮されている。本問は，代表的な収益性の指標である ROE と対比させながら，資本コストを包括的に考慮する EVA の特徴についての理解を問う問題である。

▶テキスト　第 6 章第 4 節❶参照

【問 4】

> 　A 社の EVA は，X 2 年度84,067百万円から X 4 年度には112,863百万円と34.3％増加していることから，X 4 年度は X 2 年度と比べ投下資本をもとにしてより多くの経済的利益を生み出し，企業価値を高めたと判断することができる。
>
> 　EVA は算式にすると［NOPAT － 資本コスト（＝投下資本× WACC）］であるから，EVA を増加させ企業価値を高めるためには，NOPAT を増加させるか，資本コストを減少させる必要がある。さらに，資本コストを減少させるためには，投下資本を減少させるか WACC を低下させる必要がある。
>
> 　A 社の X 2 年度と X 4 年度の EVA の構成要素を比較すると，NOPAT は

109,200百万円から133,640百万円へと22.4％増加しており，資本コストは25,133百万円から20,777百万円へと17.3％減少している。

　NOPATが増加した主要な要因は，売上総利益を38,000百万円（4.7％）増加させる一方で，販売費及び一般管理費の上昇を8,400百万円（1.3％）に抑えたことによる。

　資本コストが減少した要因は，投下資本は761,600百万円から865,700百万円へと104,100百万円増加したものの，株主資本コストおよび負債コストをそれぞれ1.0％および0.4％低下させたことにより，WACCを3.3％から2.4％へと大きく低下させたことによる。

解説

　本問は，EVAにより算出される企業評価の指標を高めるための方法についての理解を問う問題である。

【問5】

必要とされる調整：

　研究開発費をいったん資産計上した上で，その貢献が継続すると期待される期間にわたって費用配分するという調整が必要になる。

調整が必要となる理由：

　日本の会計基準では，研究開発費は発生時の費用として処理することになるが，企業が将来成長するための投資という点では固定資産の取得と同様の性格を有しているため。

　本問は，企業価値評価という EVA を算定する目的に適合させるための，開示制度にもとづいて作成されている連結財務諸表等の数値の調整についての理解を問う問題である。

　研究開発費は，発生時には将来の収益やキャッシュ・フローを獲得できるかどうかは明らかでない。そのため，「研究開発費等に係る会計基準」では，企業間の比較可能性を確保するという観点から，一律，発生時に費用として処理することが求められている。

　しかしながら，研究開発活動は，企業の将来の収益やキャッシュ・フローの獲得を左右することから，企業が将来成長するための重要な投資活動である。EVA を算定し企業価値を評価するにあたっては，企業が将来成長するために行う固定資産への投資と同様に，研究開発費を資産計上し，その貢献が継続すると期待される期間にわたって費用配分する必要がある。

▶テキスト　第6章第4節❷参照

第28回

Ⅰ

【問1】　⑤

解説

　本問は，会社法および金融商品取引法にもとづくディスクロージャー，証券
取引所の規則にもとづく適時開示制度に関する基礎的な理解を問う問題である。
誤っているものについて解説すると，次のとおりである。

（ア）会社法は，単体ベースの情報を中心としたディスクロージャーを求めて
　　　いる。

（イ）有価証券報告書提出会社に公告の義務はない。

（エ）事業報告は，会社法の計算書類に含まれない。会社法は，計算書類以外
　　　に，計算書類の附属明細書と事業報告及びその附属明細書を開示するこ
　　　とを求めている。

▶テキスト　第1章第1節・第2節❶参照

【問2】　③

解説

　本問は，金融商品取引法上のディスクロージャーにおける発行開示および継
続開示の内容についての知識を問う問題である。

　誤っているものについて解説すると，次のとおりである。

（イ）有価証券届出書は，内閣総理大臣が受理した日から原則として15日経過
　　　したときにその効力が生じる。

（ウ）臨時報告書は，対象となる事象の発生後，遅滞なく内閣総理大臣に提出
　　　しなければならない。

▶テキスト　第1章第3節❶（2）（3）参照

【問3】　②

解説

　本問は，キャッシュ・フロー計算書において「財務活動によるキャッシュ・フロー」の区分に計上される項目についての知識を問う問題である。

　「自己株式の取得による支出」および「配当金の支払額」が財務活動によるキャッシュ・フローに該当する。

▶テキスト　第2章第4節❺参照

【問4】　④

解説

　本問は，純資産の部に表示される項目についての理解を問う問題である。

▶テキスト　第2章第3節❹（2），第3章第1節❺（3）・第6節❹・第7節❸（2）参照

【問5】　③

解説

　本問は，税効果会計に関連して繰延税金資産の意義およびその回収可能性についての基本的な理解を問う問題である。

　繰延税金資産について資産性が認められるのは，将来の法人税等の支払額を減額する効果を有するからである。よって，繰延税金資産は，将来減算一時差異及び繰越欠損金等が課税所得を減少させ，税金負担額を軽減することが認められる範囲内で計上し，その範囲を超える額については控除しなければならない。税金負担額を軽減することができると認められない金額については，「繰延税金資産及び繰延税金負債の発生の主な原因別の内訳」に評価性引当額として記載される。

▶テキスト　第3章第9節❸参照

【問6】　③

解説▶

　本問は，（連結）財務諸表の注記事項のうち関連当事者の範囲および関連当事者との取引についての理解を問う問題である。

　誤っているものについて解説すると，次のとおりである。

（ア）主要株主として関連当事者に該当するのは，連結財務諸表提出会社の議決権の10％以上を保有している株主である。

（ウ）連結財務諸表作成会社の役員に対する報酬及び賞与は，開示が必要とされる関連当事者との取引には含まれていない。

▶テキスト　第3章第11節❹参照

【問7】　④

解説▶

　本問は，概念フレームワークにおける会計情報の質的特性，財務諸表の構成要素，および財務諸表における測定についての基本的な理解を問う問題である。

　誤っているものについて解説すると，次のとおりである。

（ア）会計情報の一般的制約となる特性は，内的整合性と比較可能性である。

（ウ）資産の測定値のうちの市場価格には，再調達原価と正味実現可能価額がある。

▶テキスト　第4章第1節❹（3）・❺（2）・❻（3）参照

【問8】　②

解説▶

　本問は，（連結）財務諸表の注記事項のうち1株当たり当期純利益についての理解を問う問題である。

　誤っているものについて解説すると，次のとおりである。

（イ）1株当たり当期純利益の計算において，計算式の分母の発行済普通株式数は，年度の途中で株式数が変化したときは日割り計算をする。よって，

期中に株式分割があると金額に影響する。

（ウ）潜在株式調整後1株当たり当期純利益の情報は，1株当たり当期純利益
の希薄化が生じる場合に意味を持つものであるから，調整後の1株当た
り当期純利益の方が調整前の数値よりも大きくなる場合には必要とされ
ない。

▶テキスト　第3章第11節❺（2），第5章第6節❸❹参照

【問9】　①

解説

　本問は，割引キャッシュ・フロー法による企業価値評価モデルについての理
解を問う問題である。

　誤っているものについて解説すると，次のとおりである。

（ウ）NOPATにもとづいてフリー・キャッシュ・フローを計算する場合，設
備投資額はキャッシュ・アウトを伴うが会計上の損益には関係しないこ
とから，NOPATから控除する。

▶テキスト　第6章第2節参照

Ⅱ

【問1】　③

解説

　本問は，時価のあるその他有価証券の貸借対照評価額と評価差額の会計処理についての理解を問う問題である。〈資料1〉連結貸借対照表に計上されている投資その他の資産のうち時価により計上されるのは投資有価証券である。そのうち，〈資料2〉（注）により非上場株式については時価を把握することが極めて困難であるため〈資料2〉の計算に含まれていない。

　税効果後のその他有価証券評価差額金を計算すると次のとおりである。

　時価のあるその他有価証券の連結貸借対照表計上額300,000千円＝投資有価証券400,000千円－非上場株式100,000千円

　その他有価証券評価差額210,000千円＝時価のあるその他有価証券の連結貸借対照表計上額300,000千円－時価のあるその他有価証券の取得原価（70,000千円＋20,000千円）

　税効果後のその他有価証券評価差額金147,000千円＝その他有価証券評価差額210,000千円×（1－実効税率30％）

▶テキスト　第3章第1節❹（1）・❼・第9節❷（5）参照

【問2】　③

解説

　本問は，棚卸資産の評価基準についての基本的な理解を問う問題である。

　A商品については，収益性が低下しているため正味売却価額18,000千円をもって貸借対照表価額とされる。C製品およびD仕掛品については，収益性の低下の事実は認められないから取得原価14,000円千円および10,000千円をもって貸借対照表価額とされる。E原材料については，収益性の低下を再調達原価により判断するため再調達原価18,000千円をもって貸借対照評価額とされる。したがって，B商品の連結貸借対照表計上額を計算すると次のとおりであ

る。

　　B商品の連結貸借対照表計上額10,000千円＝棚卸資産の連結貸借対照表計上
　　　額70,000千円－（A商品18,000千円＋C製品14,000千円＋D仕掛品10,000
　　　千円＋E原材料18,000千円）

▶テキスト　第3章第2節❷参照

【問3】　③

解説▶

　本問は，取得した有形固定資産について将来に発生する除去債務の計算方法
についての知識を問う問題である。

　取得した有形固定資産に係る資産除去債務は，取得時にその有形固定資産の
除去に要する将来キャッシュ・フローを見積もり，割引後の金額で算定する。
したがって，資産Aの有形固定資産計上額を計算すると次のとおりである。

　　有形固定資産計上額52,717千円＝資産A取得価額50,000千円＋資産A除去債
　　　務2,717千円

$$資産A除去債務2,717千円＝\frac{除去に要する見積額3,000千円}{（1＋割引率0.02）^5}$$

▶テキスト　第3章第3節❷（12）参照

【問4】　②

解説▶

　本問は，退職給付会計のうち退職給付引当金の算定方法についての理解を問
う問題である。

　当期末の貸借対照表に計上される退職給付引当金の金額を計算すると次のと
おりである。

　　期首退職給付引当金残高1,552百万円＝期首退職給付債務10,000百万円－期首
　　　年金資産8,000百万円－期首未認識数理計算上の差異448百万

　　退職給付費用792百万円＝勤務費用800百万円＋利息費用200百万円－期待運

116

用収益240百万円＋数理計算上の差異当期費用処理額32百万円

利息費用200百万円＝期首退職給付債務10,000百万円×割引率2％

期待運用収益240百万円＝期首年金資産8,000百万円×3％

数理計算上の差異当期費用処理額32百万円＝$\dfrac{\text{期首未認識数理計算上の差異448百万円}}{14\text{年}}$

退職給付引当金期末残高2,044百万円＝期首退職給付引当金1,552百万円＋退職給付費用792百万円－掛金拠出額300百万円

➤テキスト　第3章第5節❷（1）（2）（3）参照

【問5】　③

解説

　本問は，ファイナンス・リースにより取得した資産の借手側の会計処理についての理解を問う問題である。

　所有権移転ファイナンス・リースの取得価額については，借手においてリース物件の貸手の購入価額が明らかな場合には（Aリース）その購入価額（100,000千円）により計上し，明らかでない場合には（Bリース）リース料総額の現在価値と見積現金購入価額とのいずれか低い額（見積現金購入価額90,000千円）により計上する。所有権移転ファイナンス・リースのリース資産の減価償却については，自己所有の固定資産に適用する減価償却方法により行うため，経済的耐用年数5年，残存価額ゼロの定額法により処理する。

　所有権移転外ファイナンス・リースの取得価額については，借手においてリース物件の貸手の購入価額が明らかな場合には（Cリース）リース料総額の現在価値と貸手の購入価額のいずれか低い額（購入価額80,000千円）により計上し，明らかでない場合には（Dリース）リース料総額の現在価値と見積現金購入価額とのいずれか低い額（リース料総額の現在価値90,000千円）により計上する。所有権移転外ファイナンス・リース資産の減価償却は，リース期間4年を耐用年数とし，残存価額ゼロの定額法（リース定額法）により処理する。

　当期末の連結貸借対照表に計上される各リース資産の金額を計算すると次の

とおりである。

　Ａリース資産80,000千円＝取得価額100,000千円－減価償却費20,000千円

　　減価償却費20,000千円＝$\dfrac{取得原価100,000千円}{経済的耐用年数5年}$

　Ｂリース資産72,000千円＝取得価額90,000千円－減価償却費18,000千円

　　減価償却費18,000千円＝$\dfrac{取得原価90,000千円}{5年}$

　Ｃリース資産60,000千円＝取得価額80,000千円－減価償却費20,000千円

　　減価償却費20,000千円＝$\dfrac{取得原価80,000千円}{リース期間4年}$

　Ｄリース資産67,500千円＝取得価額90,000千円－減価償却費22,500千円

　　減価償却費22,500千円＝$\dfrac{取得原価90,000千円}{4年}$

　したがって，当期末の連結貸借対照表に計上される「リース資産」の金額を計算すると次のとおりである。

　リース資産の金額279,500千円＝Ａリース資産80,000千円＋Ｂリース資産72,000千円＋Ｃリース資産60,000千円＋Ｄリース資産67,500千円

➤テキスト　第3章第8節❸（1）参照

【問6】　②

解説

　本問は，事業分離の会計の論点である分離元企業の事業への投資の清算か継続かの判定とそれに伴う移転損益の会計処理についての理解を問う問題である。

　分離元企業が各事業の移転利益を計上するのは，事業への投資が清算された場合である。分離元企業が子会社または関連会社である移転先企業の株式のみを分割の対価として受けとったＣ事業とＥ事業の分離については投資が継続しているとみなされることから，移転に伴う損益は認識されない。

　Ａ事業とＢ事業については，移転先との資本関係がないため事業への投資

が清算されたものとみなすことから，移転に伴う損益を認識する。またD事業についても，現金を分割の対価として受け取っていることから事業への投資が清算されたものとみなして，移転に伴う損益を認識する。

A事業およびD事業の移転利益については，分割の対価として受け取った現金と移転した事業に係る株主資本相当額（簿価移転資産と簿価移転負債の差額）との差額として計算し，B事業については，対価として受け取った移転先企業の株式の時価と移転した事業に係る株主資本相当額との差額として計算する

A事業，B事業，D事業の移転利益の金額とその合計額を計算すると次のとおりである。

A事業の移転利益10,000千円＝現金80,000千円－（移転資産（簿価）100,000千円－移転負債（簿価）30,000千円）

B事業の移転利益10,000千円＝移転先企業の株式（時価）60,000千円－（150,000千円－100,000千円）

D事業の移転利益10,000千円＝100,000千円－（130,000千円－40,000千円）

移転利益の合計額30,000千円＝A事業10,000千円＋B事業10,000千円＋D事業10,000千円

≫テキスト　第3章第13節❻参照

【問7】　①

解説

本問は，企業全体の投下資本を本業と金融活動への投下資本に区分して行う企業活動別の収益性の分析についての理解を問う問題である。

企業の使用総資本は，企業の本来の営業活動に投下された部分としての経営資本と，余剰資金を運用する金融活動に投下された部分としての金融活動資本に区分することができる。

（ア）本業の収益性は，経営資本営業利益率により優劣を判定することができる。

A社の経営資本営業利益率0.71% =

$$\frac{\text{営業利益100百万円} + \text{持分法による投資利益50百万円}}{\text{経営資本の期中平均額21,000百万円}} \times 100$$

B社の経営資本営業利益率3.66% = $\dfrac{12,000 + 70}{330,000} \times 100$

（イ）金融活動の収益性は，金融活動の利益率により優劣を判定することができる。

A社の金融活動の利益率0.67% = $\dfrac{\text{受取利息・配当金20百万円}}{\text{金融活動資本の期中平均額3,000百万円}} \times 100$

B社の金融活動の利益率0.45% = $\dfrac{500}{110,000} \times 100$

（ウ）経営資本と金融活動資本の利益率と各資本の構成割合を乗じた積の合計は，使用総資本事業利益率（ROA）と等しくなる。この関係を示すと次のとおりである。

〈A社：経営資本と金融活動資本の利益率と各資本の構成割合を乗じた積の合計〉

	利益率①	構成割合②	①×②
経営資本	0.71%	87.5%	0.62%
金融活動資本	0.67%	12.5%	0.08%
計			0.71%

A社のROA 0.71% = $\dfrac{\text{事業利益170百万円}}{\text{使用総資本24,000百万円}} \times 100$

事業利益170百万円 = 営業利益100百万円 + 持分法による投資利益50百万円 + 受取利息・配当金20百万円

使用総資本24,000百万円 = 経営資本の期中平均額21,000百万円 + 金融活動資本の期中平均額3,000百万円

〈B社：経営資本と金融活動資本の利益率と各資本の構成割合を乗じた積の合計〉

	利益率①	構成割合②	①×②
経営資本	3.66%	75.0%	2.75%
金融活動資本	0.45%	25.0%	0.11%
計			2.86%

$$B 社の ROA 2.86\% = \frac{12{,}570}{440{,}000} \times 100$$

$$12{,}570 = 12{,}000 + 70 + 500 \qquad 440{,}000 = 330{,}000 + 110{,}000$$

A社とB社のROAに占める金融活動の利益率を計算すると次のとおりである。

$$A 社の金融活動資本11.3\% = \frac{0.08\%}{ROA\ 0.71\%} \times 100$$

$$B 社の金融活動資本3.8\% = \frac{0.11\%}{ROA\ 2.86\%} \times 100$$

➤テキスト　第5章第2節❷（2）参照

【問8】　①

解説

本問は，エコノミック・プロフィット法によるEVA（経済付加価値）の計算方法についての知識を問う問題である。

EVA 34.64億円 ＝ NOPAT 65億円 － 期首投下資本600億円×加重平均資本コスト5.06%

NOPAT 65億円 ＝ 営業利益100億円×（1 － 実効税率35%）

$$加重平均資本コスト5.06\% = \frac{株式時価総額800億円}{株式時価総額800億円 + 有利子負債200億円}$$

$$\times 株主資本コスト 6 \% + \frac{有利子負債200億円}{株式時価総額800億円 + 有利子負債200億円}$$

$\times$（1 −35％）×負債コスト 2 ％

➤テキスト　第 6 章第 4 節❶❸

【問 9 】　③

解説▶

　本問は，証券アナリストなどの市場参加者が企業価値評価を行うにあたって用いる EV ／ EBITDA 倍率の計算方法についての知識を問う問題である。

　EV ／ EBITDA 倍率16.3倍 =

$$\frac{株式時価総額300{,}000百万円 + 有利子負債85{,}000百万円}{税引前当期純利益12{,}000百万円 + 支払利息600百万円 + 減価償却費11{,}000百万円}$$

➤テキスト　第 6 章第 5 節❸（ 1 ）参照

（本問の解説における金額単位は百万円）

【問1】

	X 1 年度	X 2 年度
総資本営業利益率	3.5 ％	4.2 ％
売上高営業利益率	10.6 ％	10.4 ％
総資本回転率	0.3 回	0.4 回

解説

　本問は，収益性分析のための資本利益率，売上高利益率および資本回転率についての計算方法についての知識を問う問題である。

　X 1 年度および X 2 年度の総資本営業利益率，売上高営業利益率および総資本回転率を計算すると次のとおりである。

・総資本営業利益率

$$X 1 年度 3.5\% = \frac{営業利益15,200}{期中平均総資本430,500} \times 100$$

$$期中平均総資本430,500 = \frac{X 0 年度総資本440,000 + X 1 年度総資本421,000}{2}$$

$$X 2 年度 4.2\% = \frac{17,600}{422,000} \times 100 \qquad 422,000 = \frac{421,000 + 423,000}{2}$$

・売上高営業利益率

$$X 1 年度 10.6\% = \frac{営業利益15,200}{売上高144,000} \times 100 \qquad X 2 年度 10.4\% = \frac{17,600}{169,700} \times 100$$

・総資本回転率

$$X1年度 \ 0.3回 = \frac{売上高144,000}{期中平均総資本430,500} \qquad X2年度 \ 0.4回 = \frac{169,700}{422,000}$$

➤テキスト　第5章第2節❸（1），公式テキスト2級第9章第4節❷❺❻❼参照

【問2】

> 甲社のX1年度の総資本営業利益率は3.5％であるのに対して，X2年度の総
> 資本営業利益率は4.2％であり0.7％増加している。総資本営業利益率を売上高
> 営業利益率と総資本回転率に要素分解して分析すると，売上高営業利益率は
> 10.6％から10.4％へとやや低下しているが，総資本回転率が0.3回から0.4回へと
> 増加していることから，総資本回転率が増加したことが要因として挙げられる。

解説▶

　本問は，収益性の総合的な分析指標である総資本営業利益率を売上高利益率
および総資本回転率に分解し，総資本営業利益率の年度差異に影響を及ぼす要
因を分析する能力を問う問題である。

➤テキスト　第5章第2節❸（1），公式テキスト2級第9章第4節❷❺❻❼参照

【問3】

> マネジメント・アプローチ

解説▶

　本問は，セグメントに関する会計基準においてセグメントの決定方法の考え
方として採用されているマネジメント・アプローチについての理解を問う問題
である。

➤テキスト　第3章第12節❶❷参照

【問4】

X2年度	A事業	B事業	C事業
売上高構成比率	33.0　%	46.0　%	18.3　%
売上高伸び率	30.2　%	5.4　%	19.2　%
セグメント利益伸び率	45.5　%	△20.0　%	0.0　%

解説

　本問は，セグメント別分析のための指標についての計算方法の理解を問う問題である。

　各事業のX2年度の売上高構成比率，売上高伸び率およびセグメント利益伸び率を計算すると次のとおりである。

A事業の売上高構成比率 $33.0\% = \dfrac{\text{外部顧客への売上高56,000}}{\text{外部顧客への売上高合計169,700}} \times 100$

B事業の売上高構成比率 $46.0\% = \dfrac{78,000}{169,700} \times 100$

C事業の売上高構成比率 $18.3\% = \dfrac{31,000}{169,700} \times 100$

A事業の売上高伸び率 $30.2\% = \dfrac{\text{X2年度外部顧客への売上高56,000}-\text{X1年度43,000}}{\text{X1年度43,000}} \times 100$

B事業の売上高伸び率 $5.4\% = \dfrac{78,000-74,000}{74,000} \times 100$

C事業の売上高伸び率 $19.2\% = \dfrac{31,000-26,000}{26,000} \times 100$

A事業のセグメント利益伸び率 $45.5\% = \dfrac{\text{X2年度セグメント利益16,000}-\text{X1年度11,000}}{\text{X1年度11,000}} \times 100$

B事業のセグメント利益伸び率 $△20.0\% = \dfrac{4,000-5,000}{5,000} \times 100$

$$C事業のセグメント利益伸び率 0.0\% = \frac{5{,}000 - 5{,}000}{5{,}000} \times 100$$

➤テキスト　第5章第2節❷（3）参照

【問5】

A事業への投資額100百万円は，B事業の17,400百万円やC事業の6,600百万円と比較すると少ないが，売上高および営業利益の伸び率は30.2％，45.5％と大きく伸びている。一方，B事業とC事業には比較的多額の投資が行われているが，B事業の売上高伸び率は5.4％と低く，営業利益は△20.0％と大きく減少しており，C事業の売上高は19.2％増加したものの，営業利益は増加していない。

解説

　本問は，セグメント別の投資額（固定資産増加額）と経営成果（売上高・利益）の関係についての基本的な理解を問う問題である。

➤テキスト　第5章第2節❷（3）参照

【問6】

X2年度	A事業	B事業	C事業
総資本営業利益率	15.4　％	3.3　％	9.2　％
売上高営業利益率	28.6　％	5.1　％	16.1　％
総資本回転率	0.5　回	0.7　回	0.6　回

解説

　本問は，セグメント別の収益性分析のための資本利益率，売上高利益率および資本回転率についての計算方法についての知識を問う問題である。

　各事業の総資本営業利益率，売上高営業利益率および総資本回転率を算定すると次のとおりである。なお，〈資料3〉2に「報告セグメントの利益は，営業利益と調整しております。」とあることから，各事業の営業利益は〈資料3〉3のセグメント利益を用いて計算する。

・総資本営業利益率

$$\text{A 事業 } 15.4\% = \frac{\text{セグメント利益}16,000}{\text{期中平均総資本}104,000} \times 100$$

$$\text{期中平均総資本}104,000 = \frac{\text{X1年度セグメント資産}100,000 + \text{X2年度}108,000}{2}$$

$$\text{B 事業の総資本営業利益率}3.3\% = \frac{4,000}{120,000} \times 100 \quad 120,000 = \frac{114,000 + 126,000}{2}$$

$$\text{C 事業の総資本営業利益率}9.2\% = \frac{5,000}{54,500} \times 100 \quad 54,500 = \frac{51,000 + 58,000}{2}$$

・売上高営業利益率

$$\text{A 事業 } 28.6\% = \frac{\text{セグメント利益}16,000}{\text{外部顧客への売上高}56,000} \times 100$$

$$\text{B 事業 } 5.1\% = \frac{4,000}{78,000} \times 100$$

$$\text{C 事業 } 16.1\% = \frac{5,000}{31,000} \times 100$$

・総資本回転率

$$\text{A 事業 } 0.5\text{回} = \frac{\text{外部顧客への売上高}56,000}{\text{期中平均総資本}104,000}$$

$$\text{B 事業 } 0.7\text{回} = \frac{78,000}{120,000}$$

$$\text{C 事業 } 0.6\text{回} = \frac{31,000}{54,500}$$

127

▶テキスト　第5章第2節❷（3）・❸（1），公式テキスト2級第9章第4節❷❺❻❼参照

【問7】

> 　総資本営業利益率はＡ事業15.4％，Ｃ事業9.2％，Ｂ事業，3.3％の順で高く，Ａ事業が甲社の収益性に最も貢献しているといえる。総資本回転率と売上高営業利益率に分解すると，前者は0.5回から0.7回の範囲で大きく変わらないが，後者は総資本営業利益率と同様にＡ事業28.6％，Ｃ事業16.1％，Ｂ事業5.1％の順で高いことから，売上高営業利益率が収益性の優劣を決定しているといえる。

解説

　本問は，セグメント別に収益性の分析指標である総資本営業利益率を売上高利益率および総資本回転率に分解し，全社的な収益性に対する各事業セグメントの貢献度を分析する能力を問う問題である。

▶テキスト　第5章第2節❷（3）・❸（1），公式テキスト2級第9章第4節❷❺❻❼参照

（本問の解説における金額単位は百万円）

【問1】

	X1年度	X2年度
変動費率	73.2　%	75.0　%
固定費	10,268　百万円	9,988　百万円
損益分岐点売上高	38,313　百万円	39,952　百万円
安全余裕度	6.7　%	△2.5　%

解説

　本問は，損益分岐点分析において必要となる変動費・変動費率，固定費，損益分岐点売上高，および安全余裕度の計算方法についての理解を問う問題である。損益分岐点売上高を計算するためには，それに先だって費用の金額を固定費と変動費に分解する必要があるが，本問では，問題文に変動費と固定費の計算方法が提示されている。

　変動費率，固定費，損益分岐点売上高，および安全余裕度を計算すると次のとおりである。

①変動費率

$$X1年度　73.2\% = \frac{変動費30,051}{売上高41,047} \times 100$$

　　変動費30,051＝売上原価25,206＋人件費6,510×40％＋広告宣伝費253＋その他3,976×50％

$$X2年度　75.0\% = \frac{29,234}{38,971} \times 100$$

　　変動費29,234＝24,584＋6,340×40％＋240＋3,748×50％

②固定費

　　X 1 年度10,268 ＝人件費6,510×60％ ＋賃借料3,750 ＋減価償却費624 ＋その他

　　　3,976×50％

　　X 2 年度9,988 ＝6,340×60％ ＋3,640 ＋670 ＋3,748×50％

③損益分岐点売上高

　　X 1 年度 38,313 ＝ $\dfrac{固定費10,268}{1 －変動費率0.732}$

　　X 2 年度 39,952 ＝ $\dfrac{9,988}{1 －0.750}$

④安全余裕度

　　X 1 年度の安全余裕度 6.7％ ＝（ 1 － $\dfrac{損益分岐点売上高38,313}{売上高41,047}$ ）×100

　　X 2 年度の安全余裕度 △2.5％ ＝（ 1 － $\dfrac{39,952}{38,971}$ ）×100

➤テキスト　第 5 章第 5 節❷・❸（1）（4）参照

【問 2 】

> 　固定費は X 1 年度10,268百万円から X 2 年度9,988百万円と280百万円削減
>
> されているが，変動費率が X 1 年度73.2％から75.0％と1.8ポイント上昇した
>
> ため，X 2 年度の損益分岐点売上高は X 1 年度よりも1,639百万円高くなった。

解説

　変動費と固定費によって構成される費用構造と限界利益率（ 1 －変動費率）
の変化が損益分岐点売上高に及ぼす影響についての理解を問う問題である。

　損益分岐点売上高は，変動費率が低いほど（限界利益率が高いほど）低くな
り，固定費が小さいほど低くなる。固定費については X 1 年度より X 2 年度の
ほうが小さいから損益分岐点売上高が低くなるよう作用する。それに対して，

変動費率についてはＸ１年度よりＸ２年度のほうが売上高が減少し変動費率が高くなったため（限界利益率が低下したため），損益分岐点売上高が高くなるよう作用している。その影響は固定費の低下よりも変動費率の上昇（限界利益率の低下）のほうが大きいため，Ｘ２年度の損益分岐点売上高がＸ１年度よりも高くなったことがわかる。

▶テキスト　第５章第５節❷参照

【問３】

売上原価	22,620	百万円
販売費及び一般管理費	14,036	百万円
営業利益	366	百万円
固定費	8,895	百万円

売上高の減少に見合うよう売上原価や広告宣伝費を削減し，Ｘ３年度の変動費率をＸ２年度と同程度の75.0％に維持し，固定費に区分される人件費や賃借料の削減により，固定費をＸ２年度の9,988百万円からＸ３年度は8,895百万円に圧縮する計画である。この計画の実行により，Ｘ３年度の損益分岐点売上高はＸ２年度の39,952百万円よりも改善され，予想売上高37,022百万円を下回る35,580百万円となる見込みである。これにより営業利益の黒字化が実現し，Ｘ３年度の安全余裕度もＸ２年度の△2.5％から改善され，3.9％となる見込みである。

解説

　本問は，立案された利益計画が損益分岐点売上高や安全余裕度に与える影響についての理解を問う問題である。

　〈資料３〉Ｘ３年度の計画にもとづいて，Ｘ３年度の売上高，売上原価，販売

131

費一般管理費，営業利益，および固定費を計算すると次のとおりである。

売上高37,022 = X 2 年度売上高38,971 − 38,971 × 5 ％

売上原価22,620 = X 3 年度売上高37,022 × 61.1％

販売費及び一般管理費14,036 = 人件費6,150 + 広告宣伝費192 + 賃借料3,276 + 減価償却費670 + その他3,748

　広告宣伝費192 = X 2 年度広告宣伝費240 − 240 × 20％

　賃借料3,276 = X 2 年度賃借料3,640 − 3,640 × 10％

営業利益366 = 売上高37,022 − 売上原価22,620 − 販売費及び一般管理費14,036

固定費8,895 = 人件費6,150 × 50％ + 賃借料3,276 + 減価償却費670 + その他3,748 × 50％

さらに，X 3 年度の計画にもとづいて損益分岐点売上高および安全余裕度を算定すると次のとおりである。

$$変動費率75.0％ = \frac{変動費27,761}{売上高37,022} \times 100$$

変動費27,761 = 売上原価22,620 + 人件費6,150 × 50％ + 広告宣伝費192 + その他3,748 × 50％

$$損益分岐点売上高35,580 = \frac{固定費8,895}{1 − 変動費率0.750} \times 100$$

$$安全余裕度3.9％ = \left(1 − \frac{損益分岐点売上高35,580}{売上高37,022}\right) \times 100$$

　X 2 年度の損益分岐点売上高39,952は実際の売上高38,971を上回っており，赤字を生み出す費用構造に陥っている。X 3 年度の計画のポイントは，売上高の減少が見込まれる経営環境において損益分岐点売上高を低減させ安全余裕度を改善することにある。売上高が減少すれば変動費率が上昇し，損益分岐点売上高が高まってしまう。そのため，売上高の減少に見合うような売上原価や広告宣伝費の削減を通じて変動費率をX 2 年度並みに維持し，一方で固定費に区分される人件費や賃借料を低減させ固定費を大幅に圧縮することにより，損益分岐点売上高および安全余裕度を改善する計画を立案している。

≫テキスト　第5章第5節❷参照

【問4】

	A 社	B 社
営業レバレッジ	25.7 (25.6)　倍	8.7　倍
X3年度営業利益 （売上高X2年度比5％減）	366　百万円	1,194　百万円
X3年度営業利益 （売上高X2年度比10％減）	△127　百万円	646　百万円

　売上高がX2年度比で5％減少すると見込んだX3年度計画にもとづくA社の営業レバレッジは25.7倍，B社は8.7倍である。A社の損益分岐点売上高はB社より相対的に高く安全余裕度が低いため，営業レバレッジの値は高くなっている。

　X3年度の売上高が計画のX2年度比5％減から10％減に下振れした場合の，両社の営業利益の変化を比較する。まず売上高変化率をみるとA社は〔(35,074百万円−37,022百万円)／37,022百万円〕，B社は〔(24,030百万円−25,365百万円)／25,365百万円〕でともに△5.3％である。営業利益率の変化をみるとA社は△134.7％〔(△127百万円−366百万円)／366百万円〕で，売上高変化率に対する営業利益変化率は25.6倍であり，B社は△45.9％〔(646百万円−1,194百万円)／1,194百万円〕で，売上高変化率に対する営業利益変化率は8.7倍である。

　このように，売上高変化率が同じであっても営業レバレッジのより高いA社の営業利益変化率がB社よりも大きいことがわかる。

解説

　本問は，営業レバレッジの計算方法についての知識と損益分岐点売上高の水

準や安全余裕度の違いが営業レバレッジを通じて営業利益に与える影響についての理解を問う問題である。

　A社およびB社の営業レバレッジ，ならびに売上高がX2年度比5％減の場合のX3年度営業利益と10％減の場合の営業利益を計算すると次のとおりである。

①営業レバレッジ

$$A社　25.7倍 = \frac{1}{1 - 損益分岐点売上高35,580 \div 売上高37,022}$$

$$B社　8.71倍 = \frac{1}{1 - 損益分岐点売上高22,453 \div 売上高25,365}$$

$$損益分岐点売上高22,453 = \frac{固定費9,206}{1 - 変動費率0.590}$$

$$売上高25,365 = X2年度売上高26,700 - 26,700 \times 5\%$$

$$なお，B社の安全余裕度11.5\% = \left(1 - \frac{損益分岐点売上高22,453}{売上高25,365}\right) \times 100$$

②売上高X2年度比5％減の場合

　A社の営業利益366【問3】解説参照）

　B社の営業利益1,194＝売上高25,365－変動費14,965－固定費9,206

　　変動費14,965＝売上高25,365×59.0％

③売上高X2年度比10％減の場合

　A社の営業利益△127＝売上高35,074－変動費26,306－固定費8,895

　　売上高35,074＝X2年度売上高38,971－38,971×10％

　　変動費26,306＝売上高35,074×75.0％

　B社の営業利益646＝売上高24,030－変動費14,178－固定費9,206

　　売上高24,030＝X2年度売上高26,700－26,700×10％

　　変動費14,178＝売上高24,030×59.0％

➤テキスト　第5章第5節❷参照

第30回

Ⅰ

【問1】 ⑤

解説

　本問は，金融商品取引法による開示書類に関する理解を問う問題である。該当する書類は，有価証券報告書　内部統制報告書　四半期報告書　半期報告書　臨時報告書である。

➤テキスト　第1章第3節❶（3）参照

【問2】 ④

解説

　本問は，連結キャッシュ・フロー計算書の表示区分に関する理解を問う問題である。

　誤っているものについて解説すると，次のとおりである。

（ア）自己株式の取得による支出は，財務活動によるキャッシュ・フローの区分に表示する。

（イ）外貨建ての現金及び現金同等物の為替相場の変動による円貨増減額は，「現金及び現金同等物に係る換算差額」として区分表示する。

（ウ）新たに株式を取得し連結子会社とした場合には，取得に伴い支出した現金及び現金同等物の額から連結開始時に子会社が保有していた現金及び現金同等物の額を控除した額で投資活動によるキャッシュ・フローの区分に表示する。

➤テキスト　第2章第4節❹❺❻参照

【問3】 ④

解説

　本問は，固定資産のうち投資不動産，のれん，および資産除去債務に対応する除去費用の会計処理についての理解を問う問題である。

　誤っているものについて解説すると，次のとおりである。

（ア）投資不動産は，自己使用の有形固定資産と同様に取得価額で評価される。

（イ）のれんは，関連する固定資産と一体として減損処理を行う。

▶テキスト　第3章第3節❷（12）・❸（3）・❹（3）・❺（4）参照

【問4】 ④

解説

　本問は，会計方針の変更の具体的な範囲についての理解を問う問題である。

　誤っているものについて解説すると，次のとおりである。

（ア）連結財務諸表作成のための基本となる重要な事項のうち，連結または持分法の適用の範囲に関する変動は，財務諸表の作成にあたって採用した会計処理の原則および手続に該当しないため，会計方針の変更には該当しない。

（ウ）会計方針の変更とは，従来採用していた一般に公正妥当と認められた会計方針から他の一般に公正妥当と認められた会計方針に変更することをいう。よって，従来採用していた会計処理が一般に公正妥当と認められた会計処理にあたらない場合は，会計方針の変更には該当しない。

▶テキスト　第3章第10節❹（3）参照

【問5】 ③

解説

　本問は，セグメント情報等の開示に関する会計基準で採用されているマネジメント・アプローチ，個別財務諸表におけるセグメント情報の取り扱い，セグメント情報において開示される利益についての理解を問う問題である。

誤っているものについて解説すると，次のとおりである。

（ア）経営者が利用している情報を財務諸表利用者に提供するのがマネジメント・アプローチである。この方法によると，会社ごとにセグメント区分の基準や該当項目の測定方法が異なる可能性が高い。したがって，比較可能性の観点からすると，優れた方法とはいえない。

（ウ）開示される利益は，営業利益，経常利益，税金等調整前当期純利益，当期純利益，親会社株主に帰属する当期純利益のうち，いずれか適当と判断されるものである。

▶テキスト　第 3 章第12節❶❸参照

【問6】　④

解説▶

　本問は，企業結合のうち取得の会計および共通支配下の取引における会計処理についての理解を問う問題である。

　誤っているものについて解説すると，次のとおりである。

（ア）取得とされた企業結合において，現金以外を対価とする場合の被取得企業の取得原価は，支払対価の財の時価のうち，より高い信頼性をもって測定可能な時価で算定する。

（イ）親会社が子会社を合併する場合，親会社の個別財務諸表では，子会社の資産および負債の適正な帳簿価額と保有していた子会社株式の適正な帳簿価額との差額を抱合せ株式消滅差損益として特別損益の部に計上する。ただし，非支配株主が存在する場合には，取得の対価と非支配株主持分相当額との差額は，その他資本剰余金として計上する。

▶テキスト　第 3 章第13節❷❸参照

【問7】　③

解説▶

　本問は，内部統制報告制度および内部統制の有効性についての理解を問う問

題である。

　誤っているものについて解説すると，次のとおりである。

（ア）内部統制報告書は経営者が作成することが義務付けられており，公認会
　　　計士等は内部統制報告書の適正性に関する内部統制監査が義務付けられ
　　　ている。

▶テキスト　第4章第3節❷❺参照

【問8】　③

解説▶

　本問は，労働生産性を分析するための基本的な分析方法についての理解を問
う問題である。

　誤っているものについて解説すると，次のとおりである。

（ア）労働生産性は，労働装備率と設備生産性，または1人当たり売上高と付
　　　加価値率に分解できる。

▶テキスト　第5章第3節❷❸参照

【問9】　①

解説▶

　本問は，株主価値の評価指標である株価収益率（PER）と株価純資産倍率
（PBR）についての理解を問う問題である。

▶テキスト　第6章第5節❷（1）（2）参照

Ⅱ

【問1】　⑤

解説▶

　本問は，有価証券の貸借対照表における表示区分と貸借対照表価額についての理解を問う問題である。

　貸借対照表において固定資産として計上されるのは，B社社債，C社株式，およびD社株式である。

①B社社債の貸借対照表価額（償却原価）19,580千円

$$= 取得原価19,400千円 + \frac{（額面金額20,000 - 取得原価19,400）×（6月 + 12月）}{60月}$$

②C社株式の貸借対照表価額（取得原価）10,000千円

③D社株式の貸借対照表価額（期末時価）5,900千円

　固定資産として計上される有価証券の金額35,480千円＝①19,580千円＋②10,000千円＋③5,900千円

➤テキスト　第3章第1節❹（1）参照

【問2】　②

解説▶

　本問は，ストック・オプションが付与された場合の損益計算書に計上される株式報酬費用の金額の計算方法についての理解を問う問題である。

　X3年3月期の株式報酬費用8,842,500円＝付与日の公正な評価単価54円×

$$（付与したストック・オプション数500,000 - 失効数5,000）× \frac{9月 + 12月}{36月}$$

　－X2年3月期の株式報酬費用6,750,000円

　X2年3月期の株式報酬費用6,750,000円＝54円×500,000×$\frac{9月}{36月}$

【問3】 ④

解説

　本問は，在外子会社の外貨表示財務諸表を親会社通貨に換算した場合に貸借
対照表の純資産の部に計上される為替換算調整勘定の計算方法についての理解
を問う問題である。

　資産と負債は決算日レート110円で換算し，当期純利益は期中平均レート108
円で換算する。資本金と期首利益剰余金の円貨換算額はそれぞれ5,000百万円
と20,400百万円と与えられている。外貨株主資本等変動計算書に計上される期
末利益剰余金の金額は，外貨表示貸借対照表に計上されている利益剰余金の金
額250百万ドルであるから，外貨表示株主資本等変動計算書に計上される配当
金は50百万ドル（＝期首利益剰余金200百万ドル＋当期純利益100百万ドル－期

	外貨表示 （百万ドル）	換算レート （円）	円貨表示 （百万円）
〈貸借対照表〉			
流動資産	600	110	66,000
固定資産	400	110	44,000
資産合計	1,000		110,000
流動負債	300	110	33,000
固定負債	400	110	44,000
資本金	50		5,000
利益剰余金	250		25,950
為替換算調整勘定			2,050
負債純資産合計	1,000		110,000
〈株主資本等変動計算書〉			
期首利益剰余金	200		20,400
当期純利益	100	108	10,800
配当金	（　△50）	105	△5,250
期末利益剰余金	（　250）		25,950

末利益剰余金250百万ドル）となる。配当金は配当金支払時レート105円で換算する。

以上により，円貨表示貸借対照表の利益剰余金は，円貨表示株主資本等変動計算書の期末利益剰余金の金額25,950百万円（期首利益剰余金20,400百万円＋当期純利益10,800百万円－配当金5,250百万円）となる。

換算レートと円貨表示の財務諸表は表のとおりであり，為替換算調整勘定は貸借対照表の貸借差額として求められる。

▶テキスト　第3章第7節❸（2）参照

【問4】　④

解説▶

本問は，ファイナンス・リース取引の判定と資産の借手側の会計処理についての理解を問う問題である。

① ファイナンス・リース取引の判定

ファイナンス・リース取引の判定にあたっては現在価値基準または経済的耐用年数基準のいずれかに該当する場合には，ファイナンス・リースに該当する。本問の場合，以下の通りいずれの基準で判定してもファイナンス・リースに該当する。

現在価値基準による判定

$$\frac{リース料総額を借手の追加借入利子率で割り引いた現在価値69,565千円}{借手の見積現金購入価額71,000千円} = 98.0\% \geqq 90\%$$

経済的耐用年数基準による判定

$$\frac{解約不能のリース期間5年}{リース物件の経済的耐用年数6年} = 83.3\% \geqq 75\%$$

②借手側の会計処理

本問では，「契約上の諸条件から，リース物件の所有権が借手に移転するとは認められない。」とされていることから，本リース取引は所有権移転外ファイナンス・リース取引に該当する。リース資産の計上額については，貸手の購

入価額等が借手において明らかでないことから，リース料総額を借手の追加借入利子率で割り引いた現在価値69,565千円と見積現金購入価額71,000千円のうち低い額69,565千円で計上する。所有権移転外ファイナンス・リース取引に該当するリース資産の減価償却費は，リース期間を耐用年数とし，残存価額をゼロとして算定する。

$$減価償却費の金額13,913千円 = 現在価値69,565千円 \times \frac{12月}{60月}$$

➤テキスト　第3章第8節❷・❸（1）参照

【問5】　⑤

解説

　本問は，1株当たり純資産の計算方法についての理解を問う問題である。

　1株当たり純資産額24,632円 =

$$\frac{普通株式に係る期末の純資産額23,400百万円}{期末の普通株式の発行済株式数1,000千株 - 期末の普通株式の自己株式数50千株}$$

普通株式に係る純資産額23,400百万円 = 期末の純資産の部の合計額25,000百万円 - 新株式申込証拠金600百万円 - 新株予約権150百万円 - 非支配株主持分850百万円

➤テキスト　第3章第11節❺（4）参照

【問6】　②

解説

　本問は，手元流動性比率の計算方法についての理解を問う問題である。

　手元流動性比率2.5カ月 =

$$\frac{（期首手元流動性52,000百万円 + 期末手元流動性63,000百万円）\div 2}{売上高280,000百万円 \div 12月}$$

期首手元流動性52,000百万円 = 前期現金及び預金45,000百万円 + 前期有価証券7,000百万円

期末手元流動性63,000百万円＝当期現金及び預金51,000百万円＋当期有価証券12,000百万円

➤テキスト　第５章第２節❺（４）参照

【問７】　②

解説

本問は，損益分岐点比率の計算方法についての理解を問う問題である。

本問では，固定費と変動費の分解については総費用法によると指示されている。

$$損益分岐点比率40\% ＝ \frac{損益分岐点売上高100,000百万円}{当期売上高250,000百万円} \times 100$$

$$損益分岐点売上高100,000百万円 ＝ \frac{固定費40,000百万円}{1 － 変動費率0.60}$$

$$変動費率0.60 ＝ \frac{費用の対前年変化額30,000百万円}{売上高の対前年変化額50,000百万円}$$

費用の対前年変化額30,000百万円＝（当期売上原価110,000百万円＋当期販売費及び一般管理費80,000百万円）－（前期売上原価100,000百万円＋前期販売費及び一般管理費60,000百万円）

売上高の対前年変化額50,000百万円＝当期売上高250,000百万円－前期売上高200,000百万円

固定費40,000百万円＝（当期売上原価110,000百万円＋当期販売費及び一般管理費80,000百万円）－当期売上高250,000百万円×変動費率0.60

➤テキスト　第５章第５節❷・❸（１）（２）参照

【問８】　②

解説

本問は，配当割引モデルによる企業価値の評価方法についての理解を問う問題である。

$$理論株価3,100円 = \frac{1\,年後の予想配当200円}{1 + 期待収益率0.05} +$$

$$\frac{2\,年後の予想配当208円 + 2\,年後の予想株価3,000円}{(1 + 0.05)^2}$$

【問9】　②

解説▶

　本問は，株主資本コストを加味した企業価値評価モデルにおいて重要な加重平均資本コスト（WACC）の計算方法についての理解を問う問題である。

　加重平均資本コスト（WACC）4.87％ ＝

$$\frac{株式時価総額18,000百万円}{株式時価総額18,000百万円 + 有利子負債（時価）25,900百万円} × 株主資本コスト10％$$

$$+ \frac{有利子負債（時価）25,900百万円}{株式時価総額18,000百万円 + 有利子負債（時価）25,900百万円}$$

$$× (1 - 実効税率35％) × 有利子負債コスト2％$$

➤ テキスト　第6章第3節❸参照

Ⅲ

（本問の解説における金額単位は百万円）

【問1】

	A 社	B 社
自己資本当期純利益率	11.9 ％	7.4 ％
売上高当期純利益率	11.4 ％	7.9 ％
総資本回転率	0.7 回	0.7 回
財務レバレッジ	1.5 倍	1.3 倍

解説

　本問は，株主からみた収益性を表すROE（自己資本当期純利益率）ならびにその構成指標である売上高当期純利益率，総資本回転率および財務レバレッジの計算方法についての知識を問う問題である。

　自己資本当期純利益率＝売上高当期純利益率×総資本回転率×財務レバレッジ

　A社およびB社のROE，売上高当期純利益率，総資本回転率，および財務レバレッジを算定すると次のとおりである。

・ROE

$$A社\ 11.9\% = \frac{親会社株主に帰属する当期純利益9,933}{期中平均自己資本83,276} \times 100$$

$$期中平均自己資本83,276 = \frac{期首自己資本79,811 + 期末純資産87,873 - 非支配株主持分1,133}{2}$$

$$B社\ 7.4\% = \frac{5,510}{74,857} \times 100 \qquad 74,857 = \frac{73,841 + 75,972 - 100}{2}$$

・売上高当期純利益率

$$A 社 11.4\% = \frac{親会社株主に帰属する当期純利益9,933}{売上高87,095} \times 100$$

$$B 社 7.9\% = \frac{5,510}{69,671} \times 100$$

・総資本回転率

$$A 社 0.7回 = \frac{売上高87,095}{期中平均総資本124,753}$$

$$期中平均総資本124,753 = \frac{期首総資本125,934 + 期末総資本123,571}{2}$$

$$B 社 0.7回 = \frac{69,671}{98,776} \qquad 98,776 = \frac{98,174 + 99,378}{2}$$

・財務レバレッジ

$$A 社 1.5倍 = \frac{期中平均総資本124,753}{期中平均自己資本83,276}$$

$$B 社 1.3倍 = \frac{98,776}{74,857}$$

➤テキスト　第5章第2節❶（3）・❸（2）参照

【問2】

　　自己資本当期純利益率を比較するとA社の11.9%の方がB社の7.4%よりも高いため，A社の方が株主からみた収益性が高いと判断することができる。これを要素別に分解し比較すると，売上高当期純利益率はA社の11.4%の方がB社の7.9%よりも大幅に高い。総資本回転率は両社ともに0.7回で同じ水準であり，財務レバレッジはA社の1.5倍の方がB社の1.3倍よりも若干高い。したがって，A社の自己資本利益率が高い主な要因は売上高当期純利益率にあるといえる。

解説

本問は，【問1】の計算結果にもとづいて株主の観点からみた収益性を表す ROE（自己資本当期純利益率）の優劣の要因分析についての総合的な分析能力を問う問題である。

➤テキスト　第5章第2節❶（3）・❸（2）参照

【問3】

	A 社	B 社
キャッシュ・コンバージョン・サイクル	139.7日	85.8日

解説

本問は，営業循環過程における仕入から売上に至る資金回収期間の長短を表すキャッシュ・コンバージョン・サイクルの計算方法についての知識を問う問題である。

キャッシュ・コンバージョン・サイクルは，企業が商品等を仕入れることによって発生する仕入債務を支払ってから，その後に商品等を販売することにより発生する売上債権が回収されるまでにかかる日数であり，短いほど資金収支の効率性が高いと判断することができる。

A社およびB社のキャッシュ・コンバージョン・サイクルを算定すると次のとおりである。

A社のキャッシュ・コンバージョン・サイクル139.7日＝売上債権回転期間 78.5日＋棚卸資産回転期間93.4日－仕入債務回転期間32.2日

売上債権回転期間78.5日＝365日÷売上債権回転率 $\left(\dfrac{売上高87,095}{売上債権18,738}\right)$

棚卸資産回転期間93.4日 ＝ 365日 ÷ 棚卸資産回転率

$$\left(\frac{売上高87,095}{商品及び製品14,830＋仕掛品4,559＋原材料及び貯蔵品2,896} \right)$$

仕入債務回転期間32.2日 ＝ 365日 ÷ 仕入債務回転率 $\left(\dfrac{売上高87,095}{仕入債務7,690} \right)$

B社のキャッシュ・コンバージョン・サイクル85.8日 ＝ 70.9日＋41.8日－26.9日

$$70.9日 ＝ 365日 ÷ \frac{69,671}{13,526} \qquad 41.8日 ＝ 365日 ÷ \frac{69,671}{6,091＋858＋1,025}$$

$$26.9日 ＝ 365日 ÷ \frac{69,671}{5,136}$$

➤テキスト　公式テキスト2級第9章第4節❼（2）（3）（4）（5）参照

【問4】

> 　株主からみた収益性はA社の方が高いが，キャッシュ・コンバージョン・サイクルはA社が139.7日でB社が85.8日であり，資金収支の効率性はB社の方が高いと判断することができる。その主な要因は，棚卸資産回転期間がA社の93.4日よりもB社は41.8日と大幅に短く，B社の棚卸資産の運用効率が高いことによる。

解説

　本問は，【問3】の計算結果にもとづいて資金収支の効率性を表すキャッシュ・コンバージョン・サイクルの優劣の要因分析についての総合的な分析能力を問う問題である。

➤テキスト　公式テキスト2級第9章第4節❼（2）（3）（4）（5）参照

【問5】

	A 社	B 社
流動比率	302.9　%	405.9　%
自己資本比率	70.2　%	76.3　%

解説

　本問は，短期の安全性を表す流動比率と長期の安全性を表す自己資本比率の計算方法についての理解を問う問題である。

　A 社および B 社の流動比率と自己資本比率を算定すると次のとおりである。

・流動比率

A 社 $302.9\% = \dfrac{\text{流動資産合計}82,481}{\text{流動負債合計}27,231} \times 100$

B 社 $405.9\% = \dfrac{46,937}{11,564} \times 100$

・自己資本比率

A 社 $70.2\% = \dfrac{\text{期末純資産}87,873 - \text{非支配株主持分}1,133}{\text{資産合計}123,571} \times 100$

B 社 $76.3\% = \dfrac{75,972 - 100}{99,378} \times 100$

➤テキスト　第5章第4節❷（2）（3）参照

【問6】

> 　流動比率については，B 社の405.9％の方が A 社の302.9％よりも高いことから，B 社の方が A 社よりも短期の安全性が高いと判断することができる。
>
> 自己資本比率についても，B 社の76.3％の方が A 社の70.2％よりも高いことから，B 社の方が A 社よりも長期の安全性が高いと判断することができる。

本問は，【問5】の流動比率と自己資本比率の計算結果にもとづいて短期と長期の安全性を分析する能力を問う問題である。

▶テキスト　第5章第4節❷（2）（3）参照

【問7】

> A社とB社の損益構造を百分率損益計算書にもとづいて比較すると，A社の売上高販売費及び一般管理費比率35.7％の方がB社の45.3％よりも大幅に低い。
>
> したがって，A社の売上高当期純利益率がB社よりも高い主な要因は，A社の販売費及び一般管理費の割合がB社よりも低いことにあると判断できる。

解説

本問は，【問2】の分析結果である売上高当期純利益率の優劣が自己資本当期純利益率に差異をもたらした要因について損益構造の観点から追加的な分析する能力を問う問題である。

自己資本当期純利益率に差異をもたらした要因が，売上高当期純利益率の優劣にある場合には，売上高総利益率，売上高営業利益率，売上高経常利益率などの百分率損益計算書にもとづいて比較し，売上高当期純利益率の差異をもたらした原因が具体的にどの原価，費用に起因して発生したのかを追加的に分析する必要がある。

A社およびB社の売上高総利益率，売上高営業利益率，売上高経常利益率を算定すると次のとおりである。

損益構造の分析指標	A社	B社
売上高総利益率	51.9％	56.2％
売上高営業利益率	16.2％	10.9％
売上高経常利益率	16.5％	10.6％
売上高当期純利益率	11.4％	7.9％

　両社の売上高総利益率を比較するとA社よりもB社の方が4.3％高い。それに対して売上高営業利益率と売上高経常利益率を比較するとA社の方がB社よりもそれぞれ5.3％および5.9％高い。売上高当期純利益率を比較するとA社の方がB社よりも3.5％高いが，売上高営業利益率や売上高経常利益率に比してその差は少なくなっている。これはA社の課税所得が大きく法人税等の金額がB社の2倍超であったことが主な原因であると考えられる。

　したがって，A社の売上高当期純利益率がB社よりも高い主要な要因を分析するために，営業利益の段階までに発生する原価および費用の大きさにもとづいて追加的に分析する必要がある。A社およびB社の売上高原価率（売上高総利益率の逆数）および売上高販売費及び一般管理費率を算定すると次のとおりである。

原因の分析指標	A社	B社
売上原価率	48.1％	43.8％
売上高販売費・一般管理費率	35.7％	45.3％

　売上高原価率を比較するとA社よりもB社の方が4.3％低い（売上高総利益率比較の逆）。それに対して売上高販売費及び一般管理費率をみると，A社の方がB社よりも9.6％低い。したがって，株主からみた自己資本当期純利益率に差異をもたらした主要な要因は，A社の販売費及び一般管理費の割合がB社よりも低いことにあると判断することができる。

➤テキスト　第5章第2節❹参照

連結貸借対照表価額の構成比率を比較すると，有利子負債の百分比は A 社が13.3%であるのに対し B 社は1.6%であり A 社の方が大幅に高い。払込資本（資本金＋資本剰余金）の百分比は A 社が8.3%であるのに対して B 社が43.2%，利益剰余金の百分比は A 社83.8%に対して B 社35.1%である。したがって，株主資本構成については，A 社は利益剰余金が，B 社は払込資本が占める割合が高い。

資金調達方法については，A 社より B 社の方がより多くを自己資本で行っている。

これらのことから，B 社の方が A 社よりも安全性が高い一方で，A 社の財務レバレッジが B 社よりも高く，A 社の収益性に対してプラスの影響を与えている。

解説

本問は，短期の安全性も長期の安全性も A 社よりも B 社の方が高いとする【問 2 】の分析結果を踏まえて，資金調達方法および株主資本構成が安全性と収益性に与える影響についての理解を問う問題である。

ここでは，A 社と B 社の資金調達方法および株主資本構成の違いについて，総資本に占める有利子負債，払込資本（資本金と資本剰余金の合計と仮定）および利益剰余金の割合に着目して検討する。A 社と B 社の有利子負債，払込資本および利益剰余金の総資本に占める割合（連結貸借対照表構成比率（以下，「構成比率」））を算定すると次のとおりである。

連結貸借対照表価額／構成比率	A 社		B 社	
	価額	比率（%）	価額	比率（%）
有利子負債	16,477	13.3	1,566	1.6
払込資本	10,254	8.3	42,885	43.2
利益剰余金	103,577	83.8	34,891	35.1
総資本	123,571	—	99,378	—

・A 社有利子負債16,477 ＝ 短期借入金9,818 ＋ 長期借入金6,659

・B社有利子負債1,566＝短期借入金850＋リース債務（流動負債）266＋長期借入金150＋リース債務（固定負債）300
・A社払込資本10,254＝資本金2,340＋資本剰余金7,914
・B社払込資本42,885＝資本金32,367＋資本剰余金10,518

　有利子負債について構成比率を比較すると，A社が13.3％であるのに対してB社は1.6％であり，A社の方が大幅に高い。このことから資金調達にあたってB社の方が有利子負債に依存する割合が大幅に低く，B社の安全性がA社よりも高いとする【問2】の分析結果と一致している。

　払込資本についてA社とB社の構成比率を比較すると，A社が8.3％でありB社が43.2％であり，B社の方が大幅に高い（同然に，B社の長期の安全性がA社よりも高いとする【問2】の分析結果と一致する。）。

　利益剰余金についてA社とB社の構成比率を比較すると，A社が83.8％でB社が35.1％であり，A社の方が大幅に高い。利益剰余金は過去の当期純利益の留保額であるから，創業年数の長短や配当性向の高低などの要因を無視するならば，A社はB社よりも相対的により多くの当期純利益を獲得してきたことを示している。

　株主資本構成を払込資本と利益剰余金の構成比率から比較すると，A社の利益剰余金は払込資本の10.1倍であるのに対してB社の利益剰余金は払込資本の0.8倍であり，A社は利益剰余金の占める割合が圧倒的に高く，B社は払込資本の占める割合が高い。

　売上高当期純利益率については，【問2】で比較分析したとおり，A社の方がB社よりも高い。さらに財務レバレッジについてもA社の方がB社よりも高いことから，収益性の拡大効果が高くA社の収益性に対してプラスの影響を与えていると考えることができる。

　▶テキスト　第5章第2節❶（3）・❸（2）・第4節❷（2）（3）参照

（本問の解説における金額単位は百万円）

【問1】

	A 社	B 社
事業価値	5,810　百万円	10,640　百万円
継続価値	657,847　百万円	623,125　百万円
企業価値	643,101　百万円	611,924　百万円

解説

　本問は，割引キャッシュ・フロー法による企業評価モデルのうち，フリー・
キャッシュ・フロー法による企業価値の計算方法についての理解を問う問題で
ある。

　フリー・キャッシュ・フロー法によって企業価値を推定する場合，予測期間
のキャッシュ・フローを資金提供者の期待収益率にもとづいて事業価値を推定
し，予測期間以降に獲得するキャッシュ・フローにもとづいて継続価値を推定
する。そして，事業価値と継続価値の現在価値を合計して企業評価額を算出す
る。

　フリー・キャッシュ・フロー（FCF）は，［税引後営業利益＋減価償却費－
設備投資額－運転資本増加額］により求められる。本問では，「フリー・キャッ
シュ・フローは予測キャッシュ・フロー計算書から計算する」と指示されてお
り，FCF の計算要素のうち［税引後営業利益＋減価償却費－運転資本増加額］
に相当するのがキャッシュ・フロー計算書における営業活動によるキャッ
シュ・フローである。設備投資額はキャッシュ・フロー計算書においては投資
活動によるキャッシュ・フローの区分に計上されるが，本問では，投資活動に
よるキャッシュ・フローの区分の内訳はないので，簡易的に投資活動による

キャッシュ・フローの金額を使用し，FCF は［営業活動によるキャッシュ・フロー＋投資活動によるキャッシュ・フロー］により算定する。

A 社と B 社の事業価値，継続価値および企業価値を算定すると次のとおりである。

・事業価値

A 社 5,810 ＝

$$\frac{\text{X 1 年度営業活動によるキャッシュ・フロー8,478＋X 1 年度投資活動によるキャッシュ・フロー}\triangle 6,421}{1 ＋加重平均資本コスト0.016}$$

$$＋\frac{\text{X 2 年度営業活動によるキャッシュ・フロー9,849＋X 2 年度投資活動によるキャッシュ・フロー}\triangle 5,941}{(1 ＋0.016)^2}$$

B 社 10,640 ＝ $\dfrac{10,313＋\triangle 8,017}{1 ＋0.018}＋\dfrac{14,705＋\triangle 6,016}{(1 ＋0.018)^2}$

・継続価値

A 社 657,847 ＝ $\dfrac{(9,849－5,941)×(1 ＋X 3 年度以降の成長率0.01)}{0.016－0.01}$

B 社 623,125 ＝ $\dfrac{(14,705－6,016)×(1 ＋0.004)}{0.018－0.004}$

・企業価値

A 社 643,101 ＝ 事業価値5,810 ＋ $\dfrac{継続価値657,847}{(1 ＋0.016)^2}$

B 社 611,924 ＝ 10,640 ＋ $\dfrac{623,125}{(1 ＋0.018)^2}$

➤テキスト　第 6 章第 2 節❸参照

【問 2 】

> フリー・キャッシュ・フロー法によると，A社の方がB社よりも企業価値が高いといえる。X1年度およびX2年度のフリー・キャッシュ・フローがB社の方がA社よりも大幅に高いため，事業価値についてはB社の方が高い。X3年度以降の成長率がB社よりもA社の方が大幅に高いため，継続価値についてはA社のの方が高く，期待収益率を加味した企業価値についてもA社の方がB社よりも高い。したがって，フリー・キャッシュ・フローよりもX3年度以降の成長率が両社の企業価値の差異に影響した要因であると考えることができる。

解説

　本問は，フリー・キャッシュ・フロー法による企業価値を比較分析し，企業価値の差異に影響する要因を分析する能力を問う問題である。

➤テキスト　第 6 章第 2 節❸参照

【問 3 】

	A 社	B 社
EVA	2,814　百万円	4,650　百万円

解説

　本問は，エコノミック・プロフィット法による企業価値の評価指標であるEVA（経済付加価値）の算定方法についての理解を問う問題である。

　A社とB社のEVAを算定すると次のとおりである。

　A社のEVA 2,814＝NOPAT 3,996－投下資本73,844×加重平均資本コスト1.6%

　　NOPAT 3,996＝営業利益5,709×（ 1 －実効税率30%）

投下資本73,844＝有利子負債25,395（＝短期借入金300＋１年内返済予定の
長期借入金1,890＋リース債務1,210＋長期借入金3,516＋リース債務
18,479）＋株主資本47,466＋非支配株主持分983

B 社の EVA 4,650＝6,048－77,648×1.8%

6,048＝8,640×（1－30%）

77,648＝113（＝9＋104）＋77,535

▶テキスト　第6章第4節❶❸参照

【問4】

> EVA は A 社よりも B 社の方が大きい。A社の営業利益よりも B 社の営業利
> 益の方が大幅に大きいため，NOPAT も B 社の方が大幅に大きい。NOPAT
> から控除する［投下資本×加重平均資本コスト］は A 社よりも B 社の方が大き
> いが，NOPAT の差よりも小さいため，B 社の EVA がA社よりも大きくなった。

解説▶

　本問は，EVA による企業価値を比較分析し，EVA の差異に影響する要因を
分析する能力を問う問題である。

▶テキスト　第6章第4節❶❸参照

【問5】

> A 社のシンプル q が1.8であり B 社のシンプル q は2.0であることから，両
> 社とも所有する資産（資本設備）の価値よりも，企業の市場での評価額の方が
> 高く，特に B 社の資産の価値に対する市場での企業評価額は A 社よりも高い。

　本問は，トービンの q を企業評価の尺度として捉え直したシンプル q の計
算方法についての知識と比較分析する能力を問う問題である。

　A 社のシンプル q 1.8 ＝ $\dfrac{\text{株式時価総額131,869＋負債合計48,137}}{\text{資産合計99,262}}$

　株式時価総額131,869＝株価3,280円×発行済株式総数40,204千株

　B 社のシンプル q 2.0 ＝ $\dfrac{185,566＋21,499}{\text{資産合計104,896}}$

　185,566＝3,550円×52,272千株

➤テキスト　第 6 章第 5 節❸（2）参照

ビジネス会計検定試験のご案内

1．級別概要

＊上位級は下位級の知識を前提としています。

	3 級	2 級	1 級
到達目標	会計の用語，財務諸表の構造・読み方・分析等，財務諸表を理解するための基礎的な力を身につける。	企業の経営戦略や事業戦略を理解するため，財務諸表を分析する力を身につける。	企業の成長性や課題，経営方針・戦略などを理解・判断するため，財務諸表を含む会計情報を総合的かつ詳細に分析し企業評価できる力を身につける。
出題範囲	1．財務諸表の構造や読み方に関する基礎知識 ①財務諸表とは （財務諸表の役割と種類） ②貸借対照表，損益計算書，キャッシュ・フロー計算書の構造と読み方 （貸借対照表〈資産，負債，純資産〉・損益計算書〈売上総利益，営業利益，経常利益，税引前当期純利益，当期純利益〉・キャッシュ・フロー計算書の内容）	1．財務諸表の構造や読み方，財務諸表を取り巻く諸法令に関する知識 ①会計の意義と制度 （会計の役割，会計の制度〈金融商品取引法・会社法の会計制度，金融商品取引所の開示規則〉） ②連結財務諸表の構造と読み方 （財務諸表の種類，連結貸借対照表・連結損益計算書・連結包括利益計算書・株主資本等変動計算書・連結キャッシュ・フロー計算書の内容，附属明細表と注記）	1．会計情報に関する総合的な知識 ①ディスクロージャー （会社法上のディスクロージャー，金融商品取引法上のディスクロージャー，証券取引所のディスクロージャー，任意開示，ディスクロージャーの電子化） ②財務諸表と計算書類 （財務諸表と計算書類の体系，連結損益計算書・連結包括利益計算書・連結貸借対照表・連結キャッシュ・フロー計算書・連結株主資本等変動計算書の内容） ③財務諸表項目の要点 （金融商品，棚卸資産，固定資産と減損，繰延資産と研究開発費，引当金と退職給付，純資産，外貨換算，リース会計，税効果，会計方針の開示および会計上の変更等，連結財務諸表注記と連結附属明細表，セグメント情報，企業結合・事業分離） ④財務諸表の作成原理 （概念フレームワーク，会計基準，内部統制）

	2．財務諸表の基本的な分析	2．財務諸表の応用的な分析	2．財務諸表を含む会計情報のより高度な分析
	①基本分析 ②成長率および伸び率の分析 ③安全性の分析 ④キャッシュ・フロー情報の利用 ⑤収益性の分析 ⑥1株当たり分析 ⑦1人当たり分析	①基本分析 ②安全性の分析 ③収益性の分析 ④キャッシュ・フローの分析 ⑤セグメント情報の分析 ⑥連単倍率と規模倍率 ⑦損益分岐点分析 ⑧1株当たり分析 ⑨1人当たり分析	①財務諸表分析 　分析の視点と方法，収益性の分析，生産性の分析，安全性の分析，不確実性の分析，成長性の分析 ②企業価値分析 　企業価値評価のフレームワーク，割引キャッシュ・フロー法による企業価値評価，資本コストの概念，エコノミック・プロフィット法による企業価値評価，乗数アプローチによる企業評価

2．実施方法

	3　　級	2　　級	1　　級
施行形式	年2回の公開試験 10月と3月に実施		年1回の公開試験 3月に実施
受験資格	学歴・年齢・性別・国籍に制限はありません。		
問題形式	マークシート方式		マークシート方式と論述式
試験時間	2時間		2時間30分
合格基準	100点満点とし，70点以上をもって合格とします。		マークシート方式と論述式各100点，合計200点満点（論述式の得点が50点以上，かつ全体で140点以上）
受験料 （税込み）	4,950円	7,480円	11,550円

級別概要・実施方法は本書出版時のものです。受験料にかかる消費税は，試験施行日の税率が適用されます。

試験に関する情報は，ビジネス会計検定試験のホームページをご確認ください。

URL ＝ https://www.b-accounting.jp

【編　　者】

大阪商工会議所

1878年設立。商工会議所法に基づいて設立された地域総合経済
団体。約3万の会員を擁し，大阪のみならず関西地域全体の発
展を図る公共性の高い事業に取り組んでいる。企業の人材育成
に資するため，各種検定試験を実施している。
URL＝http://www.osaka.cci.or.jp/

試験に関する情報や公式テキスト・過去問題集の正誤情報等は，
ビジネス会計検定試験のホームページをご確認ください。
https://www.b-accounting.jp

ビジネス会計検定試験®公式過去問題集1級〈第4版〉

2013年9月10日　第1版第1刷発行	
2016年1月20日　第1版第2刷発行	
2016年9月20日　第2版第1刷発行	
2019年1月30日　第2版第3刷発行	
2019年9月15日　第3版第1刷発行	
2021年3月25日　第3版第2刷発行	
2022年9月10日　第4版第1刷発行	
2024年7月30日　第4版第2刷発行	

編　者　　大阪商工会議所
発行者　　山　本　　　継
発行所　　㈱中央経済社
発売元　　㈱中央経済グループ
　　　　　パブリッシング

〒101-0051　東京都千代田区神田神保町1-35
電話　03（3293）3371（編集代表）
　　　03（3293）3381（営業代表）
https://www.chuokeizai.co.jp
印刷／東光整版印刷㈱
製本／㈲井上製本所

ⓒ　大阪商工会議所，2022
Printed in Japan

＊頁の「欠落」や「順序違い」などがありましたらお取り替えいた
しますので発売元までご送付ください。（送料小社負担）
ISBN 978-4-502-43871-4 C2034